KB233641

자기 투자 혁명

자기 투자 혁명

초판 인쇄 | 2004년 2월 5일
초판 발행 | 2004년 2월 10일

지은이 | 김석균
펴낸이 | 김철수
편 집 | 최봉식
디자인 | 김현민
마케팅 | 김진태 · 김규형
관 리 | 최경석
펴낸곳 | 아이디북

출판등록 | 1988년 2월 27일 제8-44호
주소 | 서울시 마포구 상수동 231번지 호수빌딩 301호
전화번호 | (02)322-9822~5 팩시밀리 (02)322-9826

ISBN 89-903510-4-9   03320

*잘못 만들어진 책은 구입처나 본사에서 교환해 드립니다.

자기투자 혁명

잠들어 있는 「성공의 씨앗」을 깨워라. 당신도 기적을 만들 수 있다!

김석균 지음

Revolution of Doing it yourself Developing

아이디북

　오늘날은 모든 것이 어려운 세상이 되었다. 정치적으로도, 경제적으로도 어렵다. 어렵다기보다 정직한 세상이 되었다고 말하는 것이 더 나을지도 모른다. 얼마 전까지만 해도 모든 일이 소위 '뒷거래'로 성사되었다. 실력보다는 '금전'이나 '백'이 더 통하는 세상이었다. 실력이 없더라도 누구누구의 '입김'이나 '금전'으로 처리가 되었지만 세상이 맑아지면 질수록 '실력'이 으뜸이 된다. 실력이 없으면 취직도, 거래도, 제품의 판매도 이루어지지 않는다.

　지금은 '실력'의 시대이다. 사람도, 상품도 실력으로 말한다. 실력이 없으면 경쟁에서 살아남지 못한다. 실력이 없으면 세상에서 도태 당한다. 실력이 없으면 직장에서 쫓겨나고 사업에서 실패한다. 이것이 엄격한 현실이다. 그런데도 이런 현실을 직시하지 않고 젊은이들은 실력을 갖추려고 하지 않는다. 아직도 지난 20세기 후반의 관습에서 깨어나지 못하고 있다. '어떻게 되겠지.' 하는 막연한 기대감 속에서 살아가고 있다. 그런 낭만적인 시대는 다시 돌아오지 않는다.

　그러므로 성공하려면 실력을 갖춰야 한다. 실력을 갖추려면 먼저 자기 자신을 명확히 알아야 한다. 현재 '나'는 어떤 존재인가? '나'는 지금 어느 정도의 실력을 갖추고 있는가? '나'는 무엇이 부족한가? '나'는 인생목표를 어떻게 정해야 하는가? 그 목표를 위해 '나'는 이제부터 무엇을 준비해야 하는가? 그 목표를 달성하기 위해 어떤 길(방향성)을 택해야 하는가? 등등.

그렇게 준비하다 보면 기적이 여러분을 찾아오거나, 또는 여러분이 기적을 부를 수 있다. 인생을 성공한 사람들은 모두 기적을 만든 사람들이다. 기적을 만나지 못하면 절대로 성공할 수 없는 것이다. 필자는 이제 여러분의 앞날에서 기적을 만날 수 있는 마법을 전달하려고 한다. 이제 모두 마법의 수련을 위해 앞으로 달려가 보자.

끝으로 이 책을 펴내는데 커다란 조언과 힘이 되어주신 아이디북 사장님과 편집실 직원 여러분들에게 심심한 사의를 표한다.

2004년 1월

지은이 씀

목차

제2부 기적을 만드는 '나'를 찾는 방법

제3부 기적의 실현을 위해 갖춰야 할 것들

1부 기적을 만드는 방법

불행을 부르지 마라.

Miracles 1 지금은 기적이 필요한 시대이다.

본론으로 들어가기 전에 먼저 가까운 후배 이야기를 하나 해보려고 한다.

그는 꽤나 촉망받는 일류대학의 컴퓨터 관련 공학도였다. 머리도 좋고, 실천력도 있고 활달해서 학교에서는 여학생들에게 꽤나 인기가 있던 인물이었다.

지난 IMF 이후 국민정부가 국가 정책으로 벤처 사업을 장려한다는 말을 듣고 기회가 왔다고 생각한 그는 부모들을 졸라 집을 은행에 저당 잡히고 약간의 돈을 마련하였다. 그리고 평소부터 관심이 있던 IT분야의 개발을 위해 잘 다니던 대학을 집어치우고 사업 전선에 뛰어들었다.

4년 동안을 밤낮없이 일에 매달렸다. 식사를 컵라면으로 떼워가며 하루에 20시간 이상을 연구에 매달렸다. 사무실이 침실이자 작업장이었다. 하지만 시간이 흘러갈수록 꿈에 그리던 성공은 신기루처럼 점점 멀어져만 갔다. 만든 제품은 시장에서 팔리지가 않았고, 빚은 눈 덩이처럼 커져만 갔다. 그는 결국 하던 사업을 중단하고 부도를 내고 말았다.

평생을 걸려 아버지가 마련한 집은 법원의 경매처분으로 남의 손으로 넘어갔고 집안의 친척 누구 한 사람 빚쟁이가 아닌 사람이 하나도 없었다.

"그러게 내가 뭐라고 했니? 학교나 잘 다니지, 네가 무슨 사업을 한다고? 사업은 아무나 하나?"

가는 곳마다 냉소와 손가락질뿐이었다. 얼굴을 들고 다닐 수가 없었다. 그가 선택할 길은 죽음밖에 없었다. 술이나 수면제가 없으면 잠을 잘 수가 없었다. 몸과 마음은 만신창이가 되어 폐인이 되었다. 나중에 그때 일을 회상하며 그가 들려준 말이 있다.

"그때는 죽음밖에 떠오르지 않았어요. 정상적인 방법으로는 돌파구가 전혀 없었으니까요. 로또 복권이라도 맞는 기적이라도 일어난다면 모를까?"

'기적이라도 일어난다면 모를까.'라는 그 말은 진심이었을 것이다.

최근 2, 3년에 걸쳐 우리나라는 경제적으로 말할 수 없는 어려움에 빠져 있다. 어디를 가나 사람들은 어려움을 호소하고 있다. 이구동성으로 못살겠다고 아우성이다. 사오정이라는 말이 이제는 옛말이 되어 버린지 오래이고, 지금은 30대 명퇴론이 등장하고 있다. 300만 명 이상이 신용불량자로 낙인이 찍혀 있고, 청년실업이 8%를 넘어서고 있다.

어린 자녀들과 함께 고층 아파트에서 뛰어내려 목숨을 끊는 비참한 일이 매스컴을 장식하는가 하면 젊은 부부들이 어린 자녀들과 함께 농약을 먹고 동반 자살하는 일도 벌어지고 있다. 카드 값을 갚기 위하여 젊은이들이 복면을 쓰고 은행을 뛰어드는가 하면 가장 잔인한 어린이 유괴범이 되기도 한다. 남의 집에 뛰어들어 강도가 되는가 하면 길가는 부녀자를 납치하여 납치강도범이 되기도 한다. 모두가 기적을 필요로 하는 사람들의 이야기이다.

Miracles 2 — 사람은 나쁜 것을 쉽게 믿는다.

지금까지 세상을 살아오면서 여러분도 '운명'이라는 것을 생각해본 적이 있을 것이다. '정말 운명이라는 것이 있는 것일까?', '정말 운명에 지배당하거나 운명적으로 흘러가는 것이 아닐까?' 하고 말이다. 여러분이 10대라면 몰라도, 아마 20대, 30대, 아니 그 이상의 연령이라면 운명에 대해서 한번쯤 생각해보지 않은 사람은 없을 것이다. 앞에서 말한 죽음을 선택한 사람이나 범법자들도 자기들의 행위를 운명이라고 생각했을지도 모른다.

자기가 마음먹은 대로 세상일이 잘 풀려갈 때는 그런 생각을 하지 않다가도, 잘 풀려가지 않을 때, 또는 자기 힘으로 미래를 예측할 수 없을 때 사람들은 역술인이나 점쟁이를 찾아간다. 그리고 이 글을 읽고 있는 여러분 가운데도 역술인이나 점쟁이를 찾아가서 자기 운명을 여러 차례 물어본 경험이 있는 사람이 있을지도 모른다.

사람들은 역술인이나 점쟁이한테 점을 쳐 받고는 그 점쟁이가 '잘 맞춘다', 혹은 '잘 맞추지 못 한다'라고 말한다. 그리고 그 결과에 너무 집착한 나머지 자기도 모르는 사이에 정말로 운명이라는 그물에 갇혀 버리는 경우를 우리는 주변에서 너무나도 많이 본다. 특히 종교적인 체질을 가진 사람은 다른 사람이 말하는 것을 쉽게 믿고, 암시에 걸리기 쉬운 경향이 있으니까 특히 정신을 차려야 할 것이다.

그럼 과연 운명(運命)이란 것이 무엇일까? 사전에 의하면 '운수(運數)와 명수(命數), 곧 인간을 둘러싼 선악(善惡), 길흉(吉凶), 화복(禍福) 등의 온갖 것이 초인간적인 위력에 의하여 조성되고 지배된다고 믿어지는 그 섭리'를 가리킨다고 설명하고 있다. 다시 말하면, 우리들이 살아가는 생활 속에서 겪게 되는 '길흉화복'이 모두 초인간적인 어떤 힘에 의해서 만들어지는 것이라고 믿고 있다는 뜻이다. 그리고 더 나아가 '만사가 운명에 의하여 지배되고 있다는 사고방식'을 가진 운명론(運命論)까지 나오게 되는 것이다.

사람은 좋은 것보다는 나쁜 것에 영향을 받기 쉬운 약점을 가지고 있다. 좋은 것은 간단히 믿어지지 않지만 나쁜 것은 상당한 충격이 있기 때문에 영향을 받기 쉬워 많은 사람이 쉽게 믿어 버리는 것이다.

나쁜 것은 믿고 있으면 자기 생각보다 더 나빠지지는 않으니까 안심이지만, 좋은 것은 믿고 있더라도 나중에 그렇게 되지 않으면 배반당한 느낌이 들기 때문에 화가 나므로 좋은 것은 믿지 않는 편이 좋다고들 말한다.

예를 들면, 경제전문가들이 신문이나 텔레비전에서 털어놓는 미래의 경제 등 앞날을 미리 예측하는 경우가 그렇다. 그때 그들은 앞으로 '나빠진다'고 예측하더라도 그렇게 흉이 되지 않는다. 설령 그 말이 맞지 않더라도 나중에 비판받을 일이 없기 때문이다. 나빠진다라고 예측했는데 나중에 좋아졌다면 누구하나 그들에게 화를 내지 않는다. 비판도 하지 않는다. "나빠진다고 했는데 왜 좋아졌느냐?"라고 따질 사람이 없는 것이다.

그러나 반대로 '좋아진다'라고 예측했는데 나빠졌을 경우에는 엄청 몰매를 맞는다. 좋아진다고 하더니 어떻게 이리 나빠졌느냐 하면서 비판을 받게 된다. 결국 실력 없는 경제전문가가 되어 버리고 마는 것이다.

다시 말하면, 비관적으로 말하면 만일 뒷날 좋아지더라도 누구나 화를 내지 않지만, 좋아진다고 말했다가 뒷날 잘못되면 용서받을 길이 없다는 것이다. 그렇기 때문에 좋은 일만 말하면 장사가 잘 되지 않는다. 그래서 미래의 예측을 발표하는 매스컴 등은 오랜 세월의 경험으로 나쁜 일만 쫓아가는 습성이 있다.

역술인이나 점쟁이도 마찬가지이다. 그들도 다른 사람의 운명에 대해시 나쁜 것만 이야기한다. 점이나 역술로서 장사하는 경우는 더욱 그렇다. 그렇게 말해 두면 장사로서는 손해를 보지 않는다. 그 나쁜 예상이 더러 맞는 일도 있고, 설혹 벗어나더라도 손해배상을 청구 받을 일이 없기 때문이다. 그러나 반대로 좋아진다고 했는데 맞지 않았다면 큰일 난다.

예를 들면, "당신은 그 사람과 꼭 결혼하게 됩니다."라고 했다가 결혼할 수 없게 되었다면 확실히 나중에 불평을 듣는다. 그러나 "당신은 평생 결혼할 수 없을지도 모릅니다."라고 말했는데 결혼하게 되었다면 "당신은 틀렸으니까 복채를 돌려다오."라고 다시 돌아와서 이야기할 사람은 그다지 많지 않다. 세상은 이렇게 되어 있는 것이다.

그 때문에 미래의 예상에 관해서는 대개 불행한 쪽으로 이야기하는 것이 이미지 되어 있는 것이다.

Miracles 3 | 상념(想念)이 미치는 영향

이것은 사람의 감정과 감성이 나쁜 것에 대해서 쉽게 반응한다는데 이유가 있다. 그러나 사람만 그런 것이 아니라, 동물이나 곤충들도 위기나 나쁜 것에 대해서 상당히 민감하게 반응한다. 토끼나 쥐를 비롯한 동물이나 곤충들도 두려운 것, 몸이 위협을 느낄 때 '먼저 몸을 지킨다'는 방어본능이 작용한다.

그러한 방어본능이 사람에게도 있다. 사람이 나쁜 것에 대해서 쉽게 반응하는 것은 일종의 방어본능이다. '자기에게 위해(危害)를 가하려는 것으로부터 몸을 지키기 위하여 항상 주의하고 있다.'라는 면이 있기 때문이다.

다만 사람은 동물이나 곤충들에 비해서 높은 정신작용을 갖고 있기 때문에 위기를 알아차리는 능력이나 나쁜 것을 예상하는 능력이 뛰어나다. 그래서 방어본능이 너무나 지나치게 강해서 그런 상념 자체에 지배당해 버리는 일이 종종 있다. 위기나 나쁜 경우를 실체화해서 언제나 자기에게 인스피레이션(Inspiration)을 주는 상태가 된다. 그런 상태가 되면 자기도 모르게 그런 상념에 지배당해 버린다. '모든 상황에 대해서 나쁜 경우를 미리 생각해 둔다.'는 정신경향이 바로 그런 것이다.

인생이란 나쁜 일도 일어날 수 있기 때문에 만일의 경우에 대비한다는 것은 아주 중요한 일이다. 그러나 그것은 위기가 닥쳤을 때 대처하는 방법을 말하는 것이지, 인생 전체에 대해서 언제나 나쁜 일만을 생각하고 있다는 것은 문제가 있다. 언제나 나쁜 일만 생각하는 사람이 결코 행복한 인생을 살 수는 없기 때문이다.

언제나 '나에게 나쁜 일이 미치지 않을까?' 만을 생각하고 있는 사람은, 미안하지만 불행한 사람이고, 친구도 그다지 없는 타입의 사람이라고 생각한다. 만일 그와 같은 사람이 상사나 동료나 부하 중에 있다면 그다지 기분이 좋지 않다. 그런 사람은 만날 때마다 비관적인 이야기만 할 것이고 결국은 나쁜 영향을 받게 된다.

눈에는 보이지 않지만 모든 사람은 사람마다 온갖 상념(想念)을 발산

(發散)하고 있다. 사람은 그런 상념(想念)의 바다 속에서 살아가고 있다. 사람은 육체로 살아가는 존재임과 동시에 반은 영적(靈的)인 존재이기 때문에 다른 사람들의 상념을 받으면서 살아갈 수밖에 없는 것이다.

그렇기 때문에 많은 사람이 '이것이 좋다' 라고 말하면 자기도 모르게 그것을 택하게 되는 것이다. 대부분의 사람이 찬성하는 쪽과 방향을 거슬린다는 것이 상당히 어려운 법이다. 또 자기 생각과 정반대로 말하는 사람이 있으면 판단이 헷갈리게 된다. 이처럼 사람은 다른 사람의 상념에 지배받기 쉬운 면이 있다.

사람은 어릴 때에는 밝은 사고방식, 적극적이고 긍정적인 사고방식을 갖고 있지만, 성장하면서 점점 비뚤어지는 일이 많아지고, 비관적인 사고방식을 갖기 쉬워진다. '어린이가 어른의 어버이' 라는 말이 바로 이런 경우를 말하는 것이다. 그러므로 사람은 후천적인 학습이 중요한 것이다.

절망이란 바보의 결론이다. - 벤자민 디즈렐리 (1804~1881)

절망으로부터는 아무것도 태어나지 않는다. 당신이 성공을 바란다면 절망은 절대로 가까이 하지 말아야 한다. 프랑스의 작가 카뮈는 '절망이 순수한 것은 단 하나의 경우밖에 없다. 그것은 사형 선고를 받은 경우이다.' 라고 그의 작품 〈수첩〉에서 기술하고 있다.

사고방식의 패턴을 바꿔라.

Miracles 1 | 운명이라는 틀에 꽉 박혔을 때

그러면 먼저 '운명이라는 틀에 꽉 박혀 꼼짝할 수가 없었다.'라는 타입의 사람에 대해서 생각해 보자. 그런 사람의 운명은 어떻게 역전시킬 수 있을까, 어떻게 역전타를 때릴 수 있을까?

이상하게도 제트코스타를 탄 것처럼 인생에서 미끄러져 떨어진 사람이 많은데, 그 이유를 찾아보면 대부분은 사고방식의 패턴에 원인이 있었다. 그런 사람들은 그 사람 특유의 사고방식 패턴이 있고, 일정한 상황이 나타나면 똑같은 특유의 사고방식 패턴대로 반응하고 결정하여 실패하는 쪽으로 처리해 버린다. 백 번이면 백 번 다 똑같다.

그러므로 먼저 자기 반응의 패턴, 사고방식의 패턴을 잘 알아둘 필요가 있다. '이러한 상황이 되면 나는 언제나 이렇게 되더라.' 라는 자기 패턴을 객관적으로 파악해두는 것이 상당히 중요하다.

사람은 계속 반성을 하면서도 일정한 상황에 부딪치면 과거와 똑같은 실패의 패턴을 반복한다. 그것이 사람의 슬픔이다. 그것이 사람의 비애이다. 그리고 나이를 점점 먹어가면서 그 패턴이 점차로 굳어져 간다. 마침내 노인이 되면 사고방식이나 행동이나 처리방식이 완전히 굳어져 버린다. 그러나 여러분이 지금 '인생을 바꾸고 싶다.' 라고 생각한다면 바꿀 수 있다. 적극적으로 노력해서 지금 갖고 있는 사고방식이나 행동의 패턴과 완전히 다른 패턴을 몸에 지니기만 하면 되는 것이다. 그렇게 해서 자기를 바꾸는 것이 가능한 것이다.

여러분은 모두 초등학교 시절 점토놀이를 해본 경험이 있을 것이다. 점토로 소도 만들고, 토끼도 만들고, 강아지도 만들었다. 일정한 모양을 만들어 놓으면 시간이 지날수록 점점 말라서 굳어버린다. 완전히 건조해서 굳어버리면 나중에는 모양을 바꿀 수가 없다. 더욱이 그것을 가마에 넣고 구우면 잘 깨지지 않는 도자기까지 된다.

그러나 여러분이 지금 살아있다는 것은 유동적이라는 뜻이므로 아직 굳지 않은 점토의 단계라는 것을 뜻한다. 만일 망가진 부분이 있다면 지금은 바꿀 수가 있다. 더구나 당신이 젊은 나이라면 아직 어떤 물건도 만들지 않은 점토 단계이므로 더욱 바꿀 수 있다. 인생의 중년기에 접어든 당신이라면 망가진 부분을 아는 것이 중요하다.

　　자기를 가장 잘 아는 것은 자기 자신

　　그때에 주의해야 할 것은 '다른 사람들의 부정적인 상념을 지나치게 받지 않는다.'는 것이다. 다른 사람들이 발산하고 있는 상념에는 온갖 것이 다 들어 있다. 그 속에는 나 자신을 발전시키거나 성공하게 하는 상념이 있는가 하면 나를 해치거나 실패하게 만드는 상념도 있다. 물론 나에게 이득을 주는 상념이라면 자기에 대한 응원으로서 진술하게 받아들이면 좋을 것이다.

　　그러나 일반적으로는 부정적인 상념이 많이 날아다니고 있기 때문에 그것을 지나치게 받아들이지 않도록 주의해야만 한다. 최초의 일격은 쉽게 받아들이더라도 두 번 세 번 똑같은 상념을 받아들여서는 다른 사람에 대한 방어력이 약해진다. 이런 사람은 다른 사람에게 상당히 영향을 받기 쉽고, 암시를 받기 쉬운 타입이라고 말할 수 있다.

　　최초의 일격은 피하지 않는다 하더라도 두 번째, 세 번째는 자기 나름의 사고방식을 갖고 상대가 어떤 생각으로 말하고 있는지를 냉정하게 분석하여 부정적인 감정이라면 받아들이지 않도록 해야 한다.

　　이 세상에는 나 이상으로 나를 알고 있는 사람은 없다. 나의 일을 제일 잘 알고 있는 것은 나 자신이다. 나와 제일 오랫동안 살아가고 있는 것도 나 자신으로 몇 십 년이란 세월을 함께 살아가고 있다. 따라서 나 자신의 일은 언제나 나 자신의 사고로 판단하지 않으면 안 된다.

　　여러분도 다른 사람의 일을 잘 알지도 못하면서 그 사람에 대해서 이

리쿵서러쿵 의견이나 감성을 말한 일이 있을 것이다. 다른 사람들도 모두 마찬가지이다.

다른 사람이 여러분에 대해서 솔직한 의견이나 감상 등을 말해오는 일이 더러 있다. 마음은 아프더라도 도움이 되는 고마운 이야기인 경우도 있다. 그럴 경우라도 그것은 당신의 일을 100퍼센트 이해한 입장에서 내놓은 의견이 아니라는 것을 알아둘 필요가 있다.

나에 대해서는 나 자신이 제일 잘 알고 있으니까 다른 사람의 의견을 얼마나 받아들여야 할지, 혹은 받아들이지 않을지를 최종적으로 판단하는 주체도 나이다.

운명에 지배되어 운명에 우롱 당하고 있는 사람, 반복해서 운명과 발맞춰서 살아가는 사람, 다시 말해서 여러 차례 똑같은 실패를 하는 사람을 관찰해보면 마치 다른 사람이 말하는 부정적 상념의 '계기(契機)'가 자기에게 다가오기를 기다리고 있는 사람처럼 보인다.

그리고 그 징조를 보면 '또 오고 있다.' 라고 태풍이 다가올 때의 징조 같은 느낌을 받아서 스스로 붕괴되어 버린다. 소위 '퇴각형(退却型) 인간' 이 되어 퇴각을 시작하는 것이다. 이처럼 부정적인 상념을 받아서 그것에 지배되어 버린다는 것은 다른 의미로 보면 다른 사람에게 완전히 조종되어 버리는 것과 같다. 그러므로 이런 사람은 인생에 의한 주체성, 책임이라는 관점에서 뒤떨어진다고 말할 수밖에 없다.

인생은 한 권의 문제집

Miracles 1 문제는 누구에게나 있다.

나 자신의 문제를 생각할 때 '인생에 문제를 품고 있지 않은 사람은 없다.'라는 사실을 먼저 알아둘 필요가 있다. 인생에 있어서 아무런 문제가 없는 것이 바람직할까? 그래서는 진보도 발전도 없는 것이다. 예를 들면, 어린이의 경우 학교에 가서 공부도 하지 않고 숙제도 없다면 즐겁겠지만 그래서는 지적인 성숙이 없는 것이다. 그와 마찬가지로 어른이 되고 나서도 사람에게는 그 사람에게 맞는 인생의 문제가 주어져 있는 것이다.

그러므로 그 문제를 어떻게 해결해 가느냐 하는 것이 관건이다. 그런데 그것은 그렇게 간단히 해결되는 문제가 아니다. 간단히 해결되지 않기 때문에 고민하는 것이지 금방 해결되는 것이라면 고민도 아무것도 아니다. 문제가 지나치게 크거나, 해결하는데 지나치게 시간이 걸리기 때문에 고민하게 되는 것이다.

그렇지만 그런 고민의 시간은 짧으면 짧을수록 좋은 것이다. 문제를 해결하는 일도 큰일이겠지만, 빨리 해결해버리면 다음 문제를 또 해결할 수가 있다. 그것은 그만큼 자신이 발전하는 것을 의미한다. 하나의 문제에 너무나 시간을 많이 소비해버리면 다음 문제를 해결할 기회가 있음에도 불구하고 최초의 문제만으로 인생이 끝나버리는 일도 있다.

우리가 모두 체험한 수능시험이나 입사시험도 마찬가지이다. 그래서 선생님들은 침착하게 아는 문제부터 먼저 풀라고 한다. 최초의 문제에만 집착하고 있으면 뒷 문제를 알고 있더라도 시간이 없어 풀지 못하는 것이다. 인생도 마찬가지이다.

예를 들면, 일찍 사업을 시작해서 30세에 도산했다고 하자. 어떤 사람은 그 도산(倒産)한 사업을 일생동안 끌어안고 그것만 고민하다가 끝나는 경우도 있다. '도산'이라는 문제만으로 인생이 끝나버린 셈이다. 어떤 사람은 도산할 때마다 7전8기로 일어나서 '세 번 도산했지만 네 번째는 성공해서 큰돈을 모았다.'라는 경우도 있다.

하나의 문제를 해결하는 시간이 짧으면 그만큼 다음의 응용문제로 빨리 옮겨갈 수가 있다. 빨리 옮겨갈수록 더 많은 문제를 풀 수 있다. 그와 같은 사고방식이 중요한 것이다.

그러면 크고 어려워 보이는 문제가 나타났을 때 어떻게 해결해 가면 좋을까?

고민이라는 것은 대개의 경우, 상당한 부분이 감정적, 감성적인 것이다. 고민의 대부분은 마음속에서 무럭무럭 솟아나는 것이지 이성적인 것은 아니다. 감정적으로 온갖 것이 붙어서 엉켜 있다. 어떻게 풀면 좋을지 알 수 없을 정도로 엉켜 있는 것이다. 이것이 문제가 되어 막혀 있는 상황이다.

이것을 풀어내려면 이성적인 대응이 필요하다. 이성적으로 생각해 보는 것이 중요한 것이다. 이성적으로 생각한다는 것은 냉정하게 생각한다는 것이다. 그것은 제3자의 눈으로, 또는 객관적으로 본다는 말이기도 하다. 나 자신의 주관을 배제하고 컨설턴트나 학교의 교사 같은 눈으로 문제를 보는 것이다. 줄거리를 세워서 합리적으로 생각해 보는 것이다. '만일 다른 사람이 본다면 어떤 사고방식이 합리적일까, 보통 사람은 어떻게 생각할까?' 라는 식으로 생각해 보는 것이다.

결국, 인생에서 생기는 문제의 대부분은 어느 쪽으로 옮겨도 큰 차이가 없는 것이다. 그러한 문제를 상식적으로 생각한다는 것도 하나의 방법이다. 이것은 철학자 데카르트가 발견한 방법이기도 하다.

'아무래도 좋은 문제는 중용을 지켜야 한다. 온갖 것에 마음을 써서 고민하기에는 인생이 너무나도 짧다. 따라서 자기의 특별한 문제, 어려운 문제에 대해서는 생각해도 좋지만 세상적인 일, 이 세상의 일, 세속적인 문제에 대해서는 중용을 지키고, 상식 있는 사람의 사고방식에 맞추는 것이 좋다. 이 세상적인 일에 관해서 너무나 심려하는 것은 시간 낭비이다.'

그는 이렇게 생각했다. 이러한 사고방식도 있는 것이다.

이처럼 문제를 해결하는 데는 감정적인 부분을 제거하고, 냉정하고도 합리적인, 혹은 상식적인 입장에서 생각해 볼 필요가 있다. 먼저 그런 눈으로 문제의 덩어리를 관찰하여 어느 정도의 문제인지를 생각하는 것이다.

인생은 석재이다. 여기에 신의 모습을 조각하는 것도 악마의 모습을 조각하는 것도 각 사람의 자유이다. —에드먼드 스펜서 (1552-1599)

인생은 각 사람의 손에 의해서 만들어진다는 것이다.
여러분은 자기 인생을 지금 악마의 모습으로 조각하고 있을까, 아니면 신의 모습으로 조각하고 있을까?

문제를 세분화하라.

 양적·시간적으로 분할한다.

그 다음에는 그 문제를 좀더 간단하게 해결할 수 있도록 세분화할 수 있는지를 생각해본다. 한꺼번에 정리해서 해결할 수는 없어도 그 문제 자체를 양적(量的)으로 분해하거나 분할하여 해결할 수는 없을까 하는 방법을 찾아보는 것이다.

남에게 빌린 빚이 문제일 때에도 전액을 한꺼번에 변제하는 것은 무리이겠지만 분할 지불한다면 즐겁게 변제할 수도 있다. 집을 짓기 위해서 은행에서 돈을 빌린 경우, 그 전액을 한꺼번에 변제하려면 큰일이지만 20년, 30년으로 분할하면 그렇게 큰 것은 되지 않는다. 이와 마찬가지이다.

그 경우에 자기가 20년 뒤나 30년 뒤에도 살아서 일하고 있을 것이라는 보장은 아무 데도 없지만 고맙게도 세상에는 그것을 전제로 돈을 빌려주는 곳이 있다. 은행이 바로 그런 곳이다. 그 대신 은행은, 그런 사람들 가운데 일찍 죽거나 또는 다른 사정으로 지불할 수 없는 사람들이 있기 때문에 그 위험률을 나누어서 몇 퍼센트의 이자를 여분으로 받고 있는 것이다. 그 만큼 이자를 높여서 여러 사람에게 빌려주면 만일 지불할 수 없게 된 사람이 생기더라도 충분히 원금을 취해서 이득이 생기는 것이다. 이율도, 일반적으로 그런 식으로 정해져 있다.

요컨대, 빚을 분할해서 변제하면 즐겁게 되는 것처럼, 인생의 문제도 분할하면 즐겁게 해결할 수 있다는 것이다. 한 개의 문제라고 생각하고 있는 것도 잘 들여다보면 대개는 몇 개의 요소로서 성립되어 있다.

그러므로 지금 품고 있는 문제를 양적으로, 혹은 시간적으로 세분화할 수 있느냐를 먼저 생각해보는 것이다. 시간적으로 세분화한다는 말은, 예를 들면 '오늘 할 수 있는 것은 무엇인가? 금주 중에 할 수 있는 것은 무엇일까? 이 달 중에 할 수 있는 것은 무엇일까? 혹은 다음 달, 금년 중, 내년 중에 할 수 있는 것은 무엇일까?' 라는 식으로 분할해 가는 방법이다.

문제를 통째로 전부, 지금 곧 해결하려고 하면 어려우니까 양적, 시간적으로 분할해서 해결하기 쉬운 크기로 나누는 것이다. 그것이 어려움을 해결하는 지름길인 것이다.

이것은 시험공부에도 적용할 수 있다. 예를 들면, 3년 뒤에 시험이 기다리고 있다고 하는 경우에, 시험 직전이 되어서 한꺼번에 공부할 수 있느냐하면 그럴 수 없다. 역시 세분화할 수밖에 방법이 없는 것이다. 합격수준에 도달하기 위해서는 과목별로 '나는 어디가 약하고, 어디가 강한가?' 라는 분석을 해서 '어디를 공략하면 좋은가?' 라는 대책을 세우고, 또한 시간적으로도 '금주는 무엇을 할까? 내주는 무엇을 할까? 이번 1개월, 금년 1년으로 무엇을 할까?' 하는 것을 생각해 가는 것이다. 이처럼 세분화하면 비교적 즐겁게 달성할 수 있지만 3년 치를 통째로 한꺼번에 공부하려고 하면 큰일 난다.

일의 경우도 마찬가지이다. 통째로 한꺼번에 할 수는 없기 때문에 역시 하나하나 처리해갈 수밖에 없다. 따라서 어떤 문제이든, 어떻게 분해해서 작게 만드느냐 하는 것이 중요한 것이다.

우리는 지난번 월드컵에서 히딩크식 지도법을 통해서 이것을 충분히 볼 수 있었다. 우리 축구팀은 제일 처음에 16강이라는 문제를 안고 출발했다. 그 문제는 엄청나게 큰 문제였다. 히딩크는 그 문제를 나누기 시작했다. 기술력, 체력, 경험 등등…. 그리고 하나하나씩 문제를 해결해 갔다. 그 결과 세계 4강이라는 기적을 이루어낸 것이다.

이것을 '세분화의 원리' 라고 하며 인생의 문제에도 응용이 가능하다. 운명과 싸울 때에도 먼저 문제를 세분화해 보는 것이다. 자신이 처

리할 수 있는 크기가 될 때까지 세분화해서 각 요소를 하나하나씩 처리
해 가는 것이다.

　한꺼번에 통째로 해결할 수는 없어도 세분화하면 즐겁고 쉽게 처리
할 수 있다. 그리고 해결하기 쉬운 것부터 차례로 해결해 가는 것이다.
그 다음에는 매일 처리방법을 생각해 가면 되는 것이다.

'인생을 다시 시작할 수 없을까, 적어도 저 지점까지 돌아갈 수 있다면….' 하고
생각하는 사람들이 있을 것이다. 그러나 롤랑의 말처럼 인생은 편도뿐이다. 멈
출 수도 돌아갈 수도 없는 여행이다. 영국의 시인 드라이덴이 말한 것처럼 '인
생은 여행이고 죽음은 그 종점이다.' 라는 것이다.

5 *Miracles*

우선순위를 만들어라.

 인생의 문제에는 여러 가지 요소가 있다.

운명을 역전(逆轉)시키기 위해서는 무엇보다도 먼저 다른 사람의 부정적인 상념을 지나치게 받지 않도록 하고, 그 다음에는 자기 운명을 우롱하고 있다고 생각되는 큰 문제를 냉정하고 객관적인 눈으로 관찰하여 공간적, 시간적으로 세분화해서 스스로 처리할 수 있는 작은 범위로 만들어 해결하는 것이 제일 중요하다고 말했다.

그리고 여기에 덧붙여 문제의 우선순위에 대해서도 생각해볼 필요가 있다. 커다란 문제를 내 스스로 처리할 수 있는 작은 범위로 나누었다고 하더라도 각 문제마다 중요도가 다 다르다.

예를 들면, 회사에 걸려오는 외부전화의 경우에도 단순한 인사나 안부를 묻는 전화가 있는가 하면, 회사가 사느냐 죽느냐하는 중요한 용건의 전화도 있어서 그 응대 방법을 달리하는 것이 중요하다. 안부를 묻는 정도의 단순한 전화라면 "바쁘니까 나중에 다시 전화해 주십시오."라고 대답해도 괜찮지만, "오늘 중에 결론을 내리지 않으면 거래를 중지합니다."라는 전화라면 대답을 지연하고 느슨하게 커피나 마시러 나갔다간 큰일 나게 된다.

따라서 문제의 중요도도 생각할 필요가 있다. 고민의 와중에 있을 때는 어지간히 출구가 보이지 않아 괴로울 수밖에 없지만 '세분화의 원리' 외에 '우선순위의 원리'로 고민에다가 순위를 매기는 훈련을 하는 것이 중요하다.

Miracles 2 고민을 써서 분류한다.

먼저 자기가 고민하고 있는 문제를 종이에다 써 본다. 지금 내 고민이 무엇인지를 생각하고 그것을 종이에다 써서 늘어놓는 것이다. 대개는 5개나 10개, 많은 사람이라도 20개 정도면 될 것이다.

고민이라는 것이 50개나 100개씩으로 그렇게 많이 나오지 않는다. 물론 호텔 같은 곳에 며칠씩 틀어박혀서 생각하다 보면, 어쩌면 100개 정도 나올지 모르지만 "지금부터 1시간 내에 당신의 고민을 써보십시오."라고 한다면 많아도 20개 정도밖에 쓸 수 없을 것이다. 보통은 10개나 20개가 한도이고, 무리하게 그 이상을 쓰려고 하면 고민을 창작하지 않으면 안 될 것이다.

고민을 다 썼다면, 다음은 먼저 문제의 무리를 크게 두 개로 나누어 나에게 '중대한 고민'과 '그 정도는 아닌 것'으로 나눈다. 그 다음에 '그 정도는 아닌 것 중에서' 잊어버려도 좋은 것과 그렇지 않은 것으로 나누어간다.

또 '중대한 고민' 가운데서도 그것이 해결되지 않으면 정말로 '곤란한 문제'와 '이루어 가는 대로 맡길 수밖에 없다' 라는 문제로 나눈다. 그리고 지금 해결되지 않으면 '곤란한 문제' 중에서도 지금 주체적으로 해결할 수 있는 문제와 시간이 걸리지 않으면 안 되는 문제로 나누어갈 필요가 있는 것이다.

Miracles 3 | 중요한 것부터 핀 포인트 공격을

이렇게 우선순위를 붙여 보면 '중대한 고민' 속에서 무엇이 제일 포인트인지를 쉽게 간파할 수가 있을 것이다. 그리고 그것을 간파했다면 제일 중요한 것을 '핀 포인트' 식으로 공격해 가는 것이 중요하다.

예를 들면, 미국과 이라크가 전쟁을 할 때 다국적군은 이라크 정보시설이나 군사시설만 노려서 미사일로 핀 포인트 공격을 했다. 백만의 이라크 군에 대해서 수만 명 정도의 지상군으로 싸우면 다국적군 쪽에 상당한 피해가 나오게 된다. 그와 같은 잘못을 저지르지 않기 위해서 먼저 상대의 통신망을 파괴했다. 통신망을 파괴해서 지휘명령이 전혀 통하지 않게 되면 백만의 군대가 오합지졸에 지나지 않게 되어 싸울 수가 없게 된다.

옛날처럼 칼이나 창을 들고 싸운다면 군세(軍勢)가 많은 쪽이 이기는 것이 당연하겠지만, 현대전은 다르다. 다국적군은 먼저 이라크군의 정보망 부분을 핀 포인트 공격하여 지휘명령계통을 끊고, 그러고 나서 군사적으로 중요한 시설을 파괴해 갔다.

고민을 해결하는 방법도 이와 똑같이 핀 포인트 공격을 하는 것이 중요하다.

문제 속에서 포인트라고 생각되는 점을 찾아내서 '첫 번째는 이것, 두 번째는 이것, 세 번째는 이것…' 이라고 중요도를 결정해 가는 것이다. 이렇게 핵심부분을 제거하지 않는 한, 최종적인 승리는 얻을 수 없는 법이다. 그 이외에 '만일 그것이 해결되더라도 그것을 뛰어넘을 수 없다.' 는 것 같은 부분에 아무리 시간을 들여도 문제는 없어지지 않는 것이다. 제일 중요한 부분부터 해결하지 않으면 안 된다.

그것을 하지 않고 이쪽이 쉬우니까 이것부터 해결하고 본 문제로 들어간다고 지엽적인 문제를 붙들고 늘어지는 사람은 약간 머리가 나쁘다고 생각해야 한다. 그래서 문제의 중요도, 우선순위를 생각하는 것이 중요하다.

무엇이 중요한지는 각 사람의 문제이니까 다른 사람이 어떻게 하라고 말할 수는 없다. 따라서 스스로 문제를 써놓고 '어떤 순서로 해결하는 것이 좋을까? 어디에서부터 풀어 가는 것이 제일 효과적일까?' 하는 우선순위를 결정해가지 않으면 안 된다.

그리고 우선순위를 매기고 나면 위에서 아래로 차례차례 해결해 가는 것이다. 아래쪽의 작은 문제는 만일 해결하지 않고 남아 있더라도 시간이 지나면 해결되는 일이 많기 때문에 먼저 우선순위 윗부분부터 제거해 가는 것이 중요하다. 위에 있는 문제는 어려운 문제가 많은 것도 사실이지만 어려운 문제야말로 앞에 기술한 세분화의 원리를 이용해서 양적, 시간적으로 세분화하여 하나하나씩 해결해 가면 되는 것이다.

고민과의 싸움에 있어서도 '무엇을 제거하면 승리할 수 있을까?' 또는 '무엇을 제거하면 지지 않게 될까?' 라는 것을 항상 생각해서 효과적으로 공격방법을 찾지 않으면 안 된다. 그렇기 위해서는 '이것만은 꼭 제거해야 하겠다.' 라는 우선도, 중요도의 간파가 상당히 중요하다.

인생은 '하나를 얻으면 하나를 잃는다.' 라는 이해득실의 양면성이 있는 경우가 헤아릴 수 없이 많이 있다. 그 속에는 '이것은 잃으면 지게 된다.' 라는 것과 '이것은 잃어도 지지는 않는다.' 라는 것, 혹은 '이것을 제거하면 이기게 된다.' 라는 것과 '이것을 제거해도 이기지 못한다.' 는 것이 있다.

이런 것의 간파가 상당히 중요하다. 잃으면 지게 되는 것은 철저히 지켜야 하지만 잃어도 지지 않는 것은 우선순위를 내려야 한다. 그리고 '이것을 제거하면 이기게 된다.' 라는 것을 확실히 제거할 수 있을 때 그것이 대단한 것이고, 그것을 할 수 있는 사람은 상당히 우수한 사람이라고 말할 수 있다. 보통의 사람은 어느 것을 제거하면 이기게 되는지 몰라서 그 근처를 빙글빙글 도는 경우가 많다.

어디를 제거하면 이기게 되는지는 고민을 써놓은 것 속에서 스스로 찾아낼 필요가 있다. 제거하는 것이 아무래도 어려운 경우에는 '이것만 지키면 지지 않는다.'라는 부분을 지켜 가는 것도 한 방법이다. 그러나 가능하면 '이것을 제거하면 이긴다.'라는 부분을 공격하는 쪽이 좋다고 생각한다.

예를 들면, 20개의 문제가 있을 때 그 전부와 싸워서 해결하려고 하면 상당한 에너지가 필요하지만 그 20개의 고민 가운데서 '이것을 제거하면 이긴다.'라는 것을 하나 선택해서 그것을 집중 공격하면 전부와 싸우는 경우의 20배의 힘으로 공격할 수 있기 때문에 이길 가능성이 높은 것이다. 그러나 전력을 분산해서 20개의 문제를 조각조각으로 공격하고 있다면 전부를 해결하는데 20년이 걸려 버릴지도 모른다.

그러므로 '이것을 얻으면 승리한다.'라는 부분을 집중적으로 공격하던지, 혹은 '이것을 잃으면 진다.'라는 부분을 필사적으로 지키는 것이 중요하다.

단순히 고민만해서는 안 된다. 감정적으로 고민해서도 안 된다. 고민을 결박할 필요가 있는 것이다.

6 *Miracles*

버리면 길이 열린다.

 무엇을 버릴까하는 결단

그리고 앞에서 말한 것을 뒤집는 말 같지만 '무엇을 버릴까?' 하는 결단의 문제가 있다. 이것을 중요시해야 한다고 말하고 싶다. 불교에서는 '집착을 버려라.' 라고 가르치고 있다. 집착을 버린다는 것은 사상적, 종교적, 철학적인 과제가 있겠지만 실제 인생을 살아가는데 있어서도 중요한 것이다.

사람이 고민하는 것은 대개의 경우, 집착이 있기 때문이다. '저것도 욕심나고, 이것도 욕심난다.' 고 생각하여 그것이 서로 모순, 상충하고 있는 경우가 많다.

예를 들면, '술은 마시고 싶지만 가정도 중요하다. 술이 없는 인생은 암흑이고 술은 끊을 수 없다. 매일 밤 마시지 않고는 견딜 수 없다. 그러나 가정도 중요하고 가정을 잃는 것도 곤란하다. 어느 쪽을 택해야 좋을까?' 라는 경우가 있다. 그밖에도 여러 가지 경우가 있겠지만 욕심나는 것이 서로 상충하고 있는 것이다.

고민을 해결하는 방법으로서 '세분화의 원리' 와 '우선순위의 원리' 를 말했지만 좀더 단순히 말하면 최종적으로 결국 '무엇을 버릴 것인가?' 라는 것이 된다. 인간은 '무엇을 손에 넣을 것이냐?' 라는 적극적인 방향으로 뻗어나가는 경향이 있지만 불교적으로 접근하게 되면 '무엇을 버릴 것이냐?' 라는 것이 된다. 이것이 집착의 문제이다. 버리는 것이 실은 행복이 되는 것이다.

앞에서 말한 술을 택할까, 가정을 택할까 하는 문제의 경우, 그 사람이 술집을 열고, 혹은 바를 열어서 바텐더라도 된다고 하면 인생의 선택으로서 술을 택하는 편이 올바를지도 모른다. 그러다 보니 술을 좋아하게 되었다면 일반인과 달리 그런 선택도 존재할 수 있을 것이다.

다만 어떤 문제를 생각할 때 '무엇을 버릴까?' 라는 관점이 중요하다. 인생의 선택으로서 '무엇을 버릴까?' 를 생각하는 것이다.

괴로움이 생긴 것은 욕심이 있기 때문이다. 여러 가지 것을 소유하고 싶다고 하는 욕심이 서로 서로 충돌하고 있는 것이다. 커다란 문제에 부딪쳐서 고민하고 있을 때는 대개 집착이 커져서 '저것도 욕심나고, 이것도 욕심난다.' 고 생각해서 그것이 서로 상충하고 있는 경우가 많다.

상충하는 욕심으로서 가정과 술을 예로 들었지만 가정과 골프도 그렇고, 골프와 공부, 독서도 상충한다. 책을 읽다보면 운동부족이 되니까 운동과 독서도 상충한다.

인생이 가진 시간은 한정되어 있기 때문에 이것도 저것도 지나치게 하려고 하면 모두 상충을 일으킨다. 인생 속에는 좋은 일이나 즐거운 일이 많이 있다. 그러나 아무리 귀중한 다이아몬드라고 해도 주머니에 가득 들어있다면 지나치게 무거워서 걸어갈 수가 없는 것이다. 또 값비싼 반지가 많이 있더라도 손가락은 열 개밖에 없으니까 손가락 수 이상은 낄 수가 없는 것이다. 몇 십 킬로그램짜리 큰 반지를 끼고 돌아다닐 수는 없으니까 역시 선택하지 않으면 안 된다.

선택할 때는 '어느 것이 최고일까?' 라는 선택방법도 있지만 '무엇을 버릴까?' 하는 선택방법도 있다. '어느 것이 최고일까?' 라는 선택이 어렵고 집착으로 고민될 경우에는 '무엇을 버릴까?' 하고 생각하는 것이 더 쉽다.

Miracles 2 — 버리는 것만큼 괴로움이 가벼워진다.

버리는 것은 누구나 할 수 있다. 예를 들면, 여러분이 배를 타고 바다로 나갔는데 갑작스런 태풍으로 풍랑을 만났다고 하자. 그런데 배에 실은 짐이 너무 무거워서 배가 침몰하게 생겼다면 짐을 버려야 할 것이다. 그렇지 않으면 여러분의 생명이 위험하다고 할 때 우선 목숨이 제일 중요하니까 짐을 차례차례 버릴 수밖에 없다.

‘이것도 중요하고, 저것도 중요하다. 옷장도 중요하고, 세탁기, 냉장고도 중요하고, 금고도 중요하다.’ 라고 생각하더라도 역시 버리지 않으면 안 된다.

그럴 때 여러분은 무엇부터 버릴까? 처음에는 ‘돈이 있으면 또 마련할 수 있다.’ 라고 생각하는 것부터 버릴 것이다. 그리고 그 다음에는 ‘목숨만 붙어 있으면 돈은 또 벌 수 있으니까’ 하며 마지막에는 돈까지도 버릴 것이다.

그 다음에는 ‘배가 가라앉을 때 구두를 신고 있으면 헤엄을 칠 수 없다.’ 고 말하고 구두도 버린다. 그런 식으로 배가 가라앉아 가다보면 지금까지 중요하다고 생각했던 물건들도 하나하나 버리게 된다. 그러므로 고민 속에서 괴로워하고 있을 때는 ‘무엇을 버릴까?’ 라는 것을 생각하는 것이 중요하다.

‘어느 것을 택할까, 어느 것을 갖고 갈까?’ 라는 선택을 하기가 너무 벅차고 어려울 경우에는 거꾸로 ‘무엇을 버릴까? 무엇을 버리면 제일 즐겁게 될까?’ 라는 것을 생각해서 과감하게 버리는 것이다. 버리면 그만큼 집착이 작아져서 괴로움이 가벼워지는 것이다.

사람은 지위나 명예, 재산, 건강, 또는 직업상의 여러 가지 편익 등 실로 여러 가지 것을 욕심내고 있다. 그러나 위기가 닥치면 역시 버리지 않으면 안 된다. ‘무엇을 버릴까?’ 는 누구든지 분명하고 간단하게 스스로 판단할 수 있다.

‘당신은 무엇을 버리고 가겠는가?’ 라고 묻는다면 옷을 한 겹 벗어버리고 가는 듯한 느낌으로 버리는 것을 판단하는 것이 가능한 것이다. ‘무엇을 버릴까? 무엇을 버려야 할까?’ 라는 것을 생각하면 고민은 점점 사라져갈 것이다.

대부의 인간은 운명에 대해서 지나친 요구를 하기 때문에 불만을 갖는다. - 칼 폰볼트 (1767-1835)

기원전 1세기 로마의 시인 호라티우스는 ‘욕심이 많은 자는 언제나 많은 불만을 느낀다. 신이 내려준 사물에 충분히 만족하는 자는 행복하다.’ 라고 말하고 있다. 그러나 그 시대부터 오늘날까지 폰볼트의 말처럼 언제나 지나치게 바라기 때문에 불만과 괴로움을 갖고 있는지도 모른다.

긍정적인 자기상을 그려라.

Miracles 1 | 사람은 자기가 생각하는 대로 된다.

마지막으로 중요한 포인트로서 '긍정적인 자기상을 가지라.'고 하고 싶다. 앞에서 '다른 사람의 부정적인 상념에 지배받지 않도록 하라.'고 했지만 지배받지 않는 것만으로는 아직 약하다. 나 자신에 대해서 좀더 긍정적이고 적극적인 자기상을 갖고 부정적인 상념을 깨뜨려 이기는 것이 필요하다.

다른 사람이 말한 대로 되었다고 해서, 또는 점쟁이가 예언한 대로 되었다고 해서 그것이 도대체 무엇인가? 스스로 성공하여 행복하게 되려면 주위의 부정적인 상념의 파도에 지지 않는 적극적으로 긍정적인 자기상을 가질 필요가 있는 것이다.

옛날부터 '사람은 자기가 생각하고 있는 대로 된다.'라고 알려져 있다. 이것은 소크라테스도 마르쿠스 아울렐리우스도 말하고 있고, 근대에는 에머슨 등의 철학자나 심리학자인 윌리엄 제임스도 말하고 있다. 그들은 이구동성으로 다음과 같이 기술하고 있다.

'사람은 그 사람이 생각하는 대로 된다. 자기가 생각하고 있는 것이 자기 자신이다. 당신은 매일 어떤 생각을 하고 있는가? 당신이 반복해서 사고하고 있는 것, 생각하고 있는 것이 당신 자신이다. 복장이나 외모 등은 관계가 없다. 이력서를 보아도 당신이 어떤 사람인지는 모른다. 요는 당신이 무엇을 생각하고 있느냐이다. 사람은 그 사람의 생각하는 대로의 사람인 것이다. 당신이 생각하고 있는 것이 당신 자신이다.'

즉 당신이라는 인간은 당신이 자기평가하고 사고하고 있는 대로의 인간인 것이다. '나는 나팔꽃이다.'라고 생각하고 있는 씨앗은 나팔꽃의 꽃을 피우고, '나는 수박이다.'라고 생각하고 있는 씨앗은 수박의 열매를 맺는다.

그처럼 '나는 무슨 존재일까?'를 깊이 자각하고 계속 생각해 가는 그 자체가 하나의 재능인 것이다. 그것은 당신이 그와 같은 사람인 것을 뜻하는 것이다. 그렇지 않으면 생각하고 있을 수가 없는 것이다. 자기가 계속 생각하고 있는 것이 자기 자신인 것이다.

미래가 긍정적이냐, 부정적이냐, 낙관적이냐, 비관적이냐, 행복하냐, 불행하냐는 당신 <마음에 있는 씨앗>에 따르는 것이다.

미래를 행복하게 만들려고 생각한다면 긍정적인 씨앗을 마음속에 품고 기르지 않으면 안 된다. 그 씨앗을 기르려면 항상 반복해서 생각해야 한다.

비관적인 상념에 져버릴 때는 그것에 지지 않을 만큼의 긍정적인 신념을 자가 발전시키지 않으면 안 된다. 그것은 기력을 내는 것이고, 노력을 하는 것이다. 그리고 오늘 할 수 있는 일을 하면서 내일의 희망을 생각하는 것이다. 마이너스 사고방식에 지배당하게 되면 그것과 싸우는 플러스 사고방식을 더욱 발전(發電)해 가는 것이 중요하다.

사람은 마음속에서 상충하는 두 개의 것을 동시에 생각할 수 없다. 행복한 사람이 불행하게 되는 것도, 불행한 사람이 행복하게 되는 것도 불가능한 것이다. 또 웃으면서 슬픈 이야기를 하는 것도, 슬픈 얼굴을 하고 눈물을 흘리면서 즐거운 이야기를 할 수도 없는 것이다. 사람은 한번에 하나밖에 생각할 수 없는 것이다. 따라서 마음속을 점하고 있는 것이 도대체 무엇이냐 하는 것이 중요한 것이다.

긍정적인 자기상을 갖고 '나 자신이 가장 발전하고 성공하여 세상에 도움을 주고 행복하게 되어 가는 것이 주위 사람도 행복해지는 것이다.' 라는 영상을 항상 철저하게 계속 그려가는 것이다. 비록 부정적인 상념에 지는 일이 있더라도 용기를 일으켜서 다시 긍정적인 상념을 발전시켜 나가지 않으면 안 된다. 그것이 인생에 있어서 승리 그 자체라고 말할 수 있다.

운명을 역전시키기 위해서는 마음의 준비나 사고방식을 어떻게 만들어 가느냐 하는 것이 상당히 중요하다. '사고방식은 상당히 강력한 힘을 낳는 것이다.'라는 것을 익혀두면 좋다고 생각한다.

희망은 사람을 성공으로 인도하는 신앙이다. 희망이 없으면 아무 일도 성취할 수 없다. – 헬렌 켈러 (1880~1968)

독일의 종교개혁가 마르틴 루터는 '희망은 강한 용기이고, 새로운 의지이다.'라고 말하고 있다. 희망이 있음으로써 사람은 힘을 내서 목적을 향해 나아갈 수 있는 것이다. 헬렌 켈러는 농아, 맹아라는 삼중고를 극복하고 세계평화를 위해 진력한 기적의 여성이다.

8 Miracles

긍정적인 사고를 만드는 방법

  당신의 마음에 무한한 힘의 근원이 있다.

철학자 버트런드 러셀은 근대가 만들어낸 가장 중요한 항목으로 다음 4개 항을 열거하고 있다.

㉮ 아인슈타인에 의한 상대성 원리의 발견

㉯ 다윈에 의한 생물진화론의 확립

㉰ 레닌에 의한 공산주의국가의 건설

㉱ 프로이트에 의한 잠재의식의 증명

앞의 ㉮㉯㉰ 3개항은 학교에서도 가르쳐 주니까 여러분도 이미 알고 있으리라고 생각한다. 그러나 ㉣항의 잠재의식은 뜻밖에 모르는 사람이 많은 것 같다. 러셀이 열거한 4개항 중에서 인생에 있어서 가장 중요한 것은 잠재의식이다. 앞에서 말한 '마음에 있는 씨앗'이란 바로 이 잠재의식을 말하는 것이다.

'여러분이 잠재의식에 감춰진 힘에 접촉하여 그 힘을 해방하는 것을 배우면 여러분의 인생은 더욱 힘이 생기고, 더욱 부자가 되고, 더욱 건강해지고, 더욱 행복하게 되고 더욱 기쁨을 만들 수 있다.'

이것은 미국의 교육자이자 저작자이며, 뉴소드(New Thought=새 정신운동)의 창시자이기도 한 세계적으로 유명한 조셉 머피의 말이다.

그러나 우리는 이 힘을 억지로 얻으려고 노력할 필요는 없다. 왜냐하면 우리 각자의 마음속에 이런 힘이 이미 있기 때문이다. 다만 그 힘의 법칙이 무엇인지, 그 힘을 어떻게 사용하는지를 모르는 것뿐이다.

잠재의식에는 선악을 불문하고 그 사람이 마음속에서 그렇다고 생각하고 있는 것을 무차별로 실현해 버리는 힘이 있다. '인생은 좋든 나쁘든 그 사람이 마음속에서 생각하고 그린 대로 이루어진다.'고 머피는 말한다. 다시 말해서 우리들이 일상생활 속에서 생각하고 있는 것이 자기 암시가 되어 잠재의식에 넣어지고 이 잠재의식에 넣어진 것이 좋든 나쁘든 거대한 힘을 발휘해서 현실로 나타난다는 것이다.

그러므로 여러분이 일상생활 속에서 모든 일들을 부정적으로 생각하면 현실적으로 부정적인 일만 나타나는 것이다. 왜냐하면 여러분의 잠재의식은 부정적인 것밖에 모르기 때문이다. 그러나 여러분이 일상 생활 속에서 모든 일을 긍정적으로 생각하면 현실적으로 긍정적인 일만 나타난다. 말할 것도 없이 잠재의식에는 긍정적인 것밖에 없기 때문에 잠재의식이 긍정적인 일을 시키는 것이다. 이 법칙을 능숙하게 활용할 수 있다면 누구라도 자신의 꿈을 이룰 수가 있는 것이다.

Miracles 2 잠재의식이란 무엇인가?

철학자 데카르트는 '이 우주에는 하나의 예외, 즉 인간의 이성을 제외하면 물질밖에 존재하지 않는다. 물질은 역학(물리)의 법칙에 따라서 움직인다.' 라고 기술하고 '이성은 인간의 절대능력이고 그 반대의 감정이라는 것은 동물적이지 인간적은 아니다. 이성만이 만능이고 숭고하다.' 라고 이성만능주의를 주장했다.

그러나 금세기 초에 데카르트 설에 이의를 제기한 인물이 나타났다. 바로 심리학자 프로이트이다. 그는 '이성으로 모든 것이 해결될 만큼 인간의 사고가 단순한 것은 아니다. 때로는 감정이 이성을 억제하는 일도 있다.' 라고 생각하기 시작한 것이다. 그리고 그는 온갖 심리학의 실험을 반복하는 동안 인간의 마음속에서 느끼는 지각이나 사고하는 것(이성)의 상당 부분은 현재의식(顯在意識)인데, 그것은 전체 인간 의식 중 20%에 지나지 않는다고 밝혔다. 그러면 나머지 80%는 무엇일까?

그것이 잠재의식이라는 것이다. 그리고 그는 인간의 본능이나 습관 등이 이 잠재의식으로 작용한다는 것을 증명했던 것이다.

여러분은 습관성 알레르기라는 증상을 알고 있을 것이다. 우유를 마시면 반드시 설사를 하는 사람이 있는데, 이것도 잠재의식에 '우유를 마시면 설사한다' 라는 암시가 습관을 만들고 있는 것이다. 또 보통 때는 아무 일도 없는데 시험이나 면접 때 지나치게 긴장하는 사람, 어지간히 술을 끊지 못하는 사람들이 있다. 이런 것도 나쁜 기록을 잠재의식에 축적하고 있기 때문인 것이다. 더구나 우리들의 신체도 잠재의식에 의해서 컨트롤되고 있다. 심장, 폐, 소화기 등 생명을 유지하는 활동은 모두 잠재의식에 의해서 작동한다. 뿐만 아니라 잠재의식은 우리들의 의식까지도 지배하고 있다.

만일 여러분이 실연을 당했다면 아마 입맛이 없어서 2, 3일은 식사를 못할 것이다. 반대로 연인한테 프러포즈를 받았다면 아마 기분이 좋아서 날아갈 것 같이 되고 얼굴빛도 좋아질 것이다. 다시 말하면 잠재의식에는 우리들의 강한 감정을 받아들이면 그것에 대해서 민감하게 반응해서 온갖 현상을 만들어내는 성질이 있는 것이다. 그것은 신체뿐만 아니라 종종 우리들의 운명까지도 좌우하는 것이다.

그런데 이 잠재의식에는 성공이나 행복 같은 긍정적인 감정만 있는 것이 아니라 공포나 불안, 실패 같은 부정적 감정과도 결합하는 성질이 있다. 잠재의식은 이런 선악을 판단하거나 선택하는 능력은 없고 여러분이 현재의식에서 생각하고 있는 모든 것을 무차별로 실현해 버리는 삭용이 있는 것이다.

조셉 머피는 말한다. "잠재의식은 풍요한 토양이고 의식하는 마음은 씨앗 같은 것이다. 좋은 종자로부터는 좋은 열매가 나쁜 종자로부터는 나쁜 열매가 열린다."고.

Miracles 3 | 잠재의식을 움직이는 방법

그러면 잠재의식을 어떻게 잘 움직일 수 있을까? 앞에서 말한 것처럼 잠재의식은 글자 그대로 의식하지 않는 의식을 말하는 것이다. 그러므로 잠재의식은 이성도 감각도 없을 때 작용을 한다. 결론부터 말하면 잠자고 있을 때이다. 현재의식이 움직이지 않고 이성도 감각도 없이 작용하고 있는 세계가 잠이다. 따라서 잠재의식이 활동하기 직전(취침 전)에 자기의 소망-상념을 집어넣는 것이 가장 좋은 방법이다. 그렇게 하면 잠자고 있는 사이에 상념의 방향에 따라 잠재의식이 작동하게 되는 것이다.

좀더 구체적으로 말한다면 잠들기 전, 침상에서 '나는 부자가 되어서 행복하게 되고 싶다.' 라고 이미징(Imaging)을 하면 그 방향을 따라서 잠재의식이 활동하여 실현된다는 것이다. 우리들은 평소 잘 의식하지 못하지만 잠들기 직전 무엇을 생각하느냐가 아주 중요한 것이다.

가령 사업이 잘 안 되는 사람은 잠자리에 들어서도 무의식적으로 '요즘 사업이 잘 안 된다.' 라고 걱정하면서 잠들기 때문에 사업이 호전

되지 않는다. 반대로 '반드시 사업이 잘 된다.'라고 긍정적으로 생각하고 잠이 들면 잠재의식에 긍정적 상념이 들어가서 정말로 사업이 잘 풀리게 되는 것이다. 그러므로 상념이 강하면 강할수록 효과가 있다고 말할 수 있다.

강렬한 소망을 가지면 그 만큼 잠재의식에 들어가기 쉬운 것도 사실이다. 그렇다고 해서 지나치게 긴장을 하면 안 된다. 그것은 잠재의식의 세계가 아니라 의식의 세계가 되기 때문이다. 언제나 마음이 편안한 상태를 유지하는 것이 중요하다. 강제로 소망을 잠재의식에 집어넣으려면 실패하게 된다.

Miracles 4 　 잠재의식을 강화하는 방법

첫째는 언제나 말을 긍정적으로 해야 한다.

성공한 사람들은 누구나 말을 선택하는 방법을 알고 있다. 그들은 언제나 잠재의식에 좋은 명령만을 주고 있는 것이다. 잠재의식에 좋은 명령이란 긍정적인 표현들이다. 말에 부정적인 요소가 많으면 상념도 부정적이 되고 잠재의식도 부정적이 되어 버린다. 그러면 결국 부정적인 일만 일어나게 된다. 그러므로 여러분도 자기의 일상을 돌아보고 부정적인 용어가 많다면 바로 고쳐서 긍정적 용어를 많이 사용하도록 노력해야 한다.

'나는 이 일을 반드시 할 수 있다.'

'나는 어쨌든 도전한다.'

'인생은 무한히 발전하는 것이다.'

'실패는 성공의 밑거름. 그러므로 나는 물러나지 않는다.'

'장래는 밝고 21세기는 평화스런 세계가 될 것이다.'

이와 같은 긍정적인 용어를 많이 사용하면 자신도 모르게 습관화 되어 기분이 밝아진다.

두 번째는 여러분 자신이 잠재의식의 선장이고 자신의 운명의 지배자라는 것을 잊어서는 안 된다.

'인간은 두 개의 타입이 있다. 하나는 소위 자력(磁力)을 가진 사람으로 자신과 신념이 넘치는 사람이다. 그런 사람은 자기가 승리를 얻어 성공하도록 태어났다고 말하기를 좋아한다. 또 하나는 자력의 힘이 없는 사람이다. 이런 사람은 공포와 의심에 가득 차 있다. 좋은 기회가 찾아와도 나는 실패할지 모른다, 돈을 잃을지도 모른다고 말한다.'

이것은 머피의 말인데 잠재의식을 강화하기 위해서는 '나는 무엇이든 할 수 있다.' '불가능은 없다.' 라는 자신과 신념을 갖는 일이다. 앞에서 말한 대로 잠자기 전에 좋은 상념을 가졌더라도 아침에 일어나서 '역시 난 잘 안 돼.' 라고 부정적으로 생각하면 결국 잠재의식은 사라져 버린다.

그러므로 소극적인 의식 '안돼' '불가능해' '무리이다' 등의 부정적인 생각들은 잠재의식에서 멀리하도록 노력해야 한다.

세 번째는 암시의 힘을 이용하는 것이다. 언제나 긍정적으로 암시의 힘을 사용해야 한다.

우리들은 마음이 약하기 때문에 '할 수 없다' 는 부정적 상념을 긍정적 상념으로 바꾸는 것이 쉽지 않다. 희망을 갖다가도 금방 곤란한 일이나 사고가 터지면 '역시 나는 안돼.' 라고 비관적이 되어 버린다. 그래서 '나는 무엇이나 할 수 있다.' '불가능은 없다.' 라는 확고한 신념과 자신감을 갖기 위해서 때로는 기도나 점도 필요하다. 다만 주의할 것은 점 같은 것에서 부정적 암시가 나오면 그것은 믿지 말고 좋은 것만 믿으라는 것이다.

네 번째는 사고의 기본을 바꾸는 것이다. 그렇게 하면 여러분의 운명을 바꿀 수가 있다.

언제나 사물을 낙천적으로 다루는 낙천적인 사고를 지녀야 한다. 예를 들어 싫은 일이 자기에게 주어졌을 때 짜증을 부리거나 불평, 불만을 갖는 대신 지금까지 감춰져 있던 능력을 계발할 기회라고 긍정적으로 해석하는 것이다. 싫은 상사가 있을 때에도 그 사람 덕택으로 인생 수업을 할 수 있다고 생각하는 것이다. 이렇게 자신에게 암시함으로써 잠재의식을 강화해 가는 것이다.

다섯 번째는 사랑과 선의와 웃는 얼굴을 가지라는 것이다.

잠재의식을 강화하기 위해서는 다른 사람을 기쁘게 하는 것이 중요하다. 다른 사람에게 기쁨을 주는 사고나 행위는 인간 공통의 잠재의식에 긍정적인 힘을 주기 때문에 나에게 기쁨으로 돌아오는 것이다.

그리고 그 다음은 다른 사람을 칭찬하는 것이다. 사람들한테 칭찬을 받고 기뻐하지 않는 사람은 없는 것이다. 다른 사람을 칭찬하다 보면 주위 사람들이 아주 좋아하게 되고 어느 틈엔가 여러분은 주위에서 인기자가 되어 있을 것이다. 그 다음은 감사하는 마음을 지니는 것이다.

이렇게 다섯 가지 방법을 평소에 잘 실행하면 당신의 잠재의식은 강화되어 언제라도 여러분의 상념이 그대로 현실로 이루어질 수 있을 것이다.

목적을 갖지 않은 사람은 곧 몰락한다. 전혀 목적이 없기 보다는 사악한 목적이라도 있는 편이 낫다. ─카알 라일

사람은 목적이 있으므로 살아가는 맛을 느낄 수 있는 것이 아닐까? 카알 라일은 '사악한 목적이라도' 목적이 없는 것보다는 낫다고 강조하고 있다. 목적이 없는 인생은 그저 인생을 낭비하는 것에 지나지 않기 때문이다.

2부 기적을 만드는 '나'를 찾는 방법

Miracles 1

나는 누구일까?

Miracles 1 **'나' 를 생각하는 것부터 시작하라.**

지금까지 우리는 어려움에 부닥친 당신이 어떻게 하면 그 역경을 빠져나오느냐에 대해서 알아보았다. 그리고 기적은 언제나 우리의 곁을 따라다니고 있지만 사람들은 그 기적을 잡는 방법을 모르고 있다는 것도 알아보았다.

이제부터는 기적으로 성공을 만드는 사람들이 갖춰야 할 자세에 대해서 설명해 보려고 한다. 결론부터 말해서 그런 사람들은 모두가 자기가 좋아하는 일을 찾은 사람들이다. 자기가 좋아하는 일을 하면 절대도 짜증이 나지 않는다. 시간이 언제 흘러갔는지도 모른다. 그것이 바로 기적을 일으켜 성공하는 지름길인 것이다.

나는 대학시절, 친구들과 포커놀이를 한 적이 있었다. 밤을 지새우며 72시간을 쉬지 않고 게임을 했지만 피곤한 줄 못 느꼈다. 왜냐하면 재미가 있었기 때문이다. 성공한 사람은 자기 일이 포커게임처럼 재미를 느낀 사람들이다. 그들은 지칠 줄 모르는 정열을 불태운다.

당신도 성공하려면 포커게임처럼 재미있는, 자기가 좋아하는 일을 찾아야 한다. 자기가 좋아하는 일을 찾아 그 일에 전념하면 여러분도 모르는 사이에 성공은 여러분의 손아귀에 잡혀 있는 것이다.

자 그럼, 이제부터 성공을 만들기 위해 '나'라는 존재는 과연 어떤 존재인지 알아보자. 지피지기(知彼知己)면 백전백승(百戰百勝)이라고 하지 않았던가?

여러분은 호기심이 많은 사람인가, 아니면 그날그날 아무 생각 없이 지내는 사람인가? 만일 아무 생각 없이 하루하루를 보내고 있다면 아마 여러분은 삶이 재미가 없을 것이다. 그러나 여러분이 어떤 일이든 전향적으로 도전하는 성격이라면 당신의 일상생활은 뛸 듯이 재미있을 것이다.

이 세상에는 외부세계의 여러 가지 살아있는 사건, 즉 인류의 탄생과 죽음과 관련된 지구만큼 커다란 문제로부터 연예인들의 스캔들이나 프라이버시 같은 사소한 문제에 이르기까지 재미있는 수많은 조각들이 널려 있다. 혹은 어느 개인의 역사를 들춰보거나 다른 사람들과의 사귐으로 눈을 돌려보는 것도 재미있을 것이다. 그러나 누가 뭐래도 인간은 '나 자신'을 생각하는 것만큼 커다란 재미는 없다고 나는 생각한다.

소설이나 학문의 영역은 사적인 영역이긴 하지만 관념의 영역이다. 그 관념의 세계는 무한의 깊이와 넓이를 갖고 있다. 무한한 다양성이 있다. 그리고 그런 무한한 다양성이 있는 관념의 세계를 갖고 있는 것이 인간이다. 그래서 인간은 동물과 다른 특징을 갖고 있는 것이다. 그 특징이란, 인간은 자기 자신(자기에 대한 관념=자기의식)에 대해서 생각할 수 있는 세계를 갖고 있다는 것, 즉 자신과의 만남, 자신을 안다는 것에 끝없는 재미를 느끼는 것이다.

예를 하나 들어 보자. 여러분이 이 세상에서 가장 사랑하는 사람과 사진을 찍었다고 하자. 부모님도 좋고, 혹은 한 순간이라도 보지 못하면 눈병이 날 것 같은 애인이라도 좋다. 그리고 그 사진이 인화되어 여러분의 손에 들어오는 순간, 여러분은 그 사진 속에서 누구를 제일 먼저 찾을까? 이 세상에서 가장 사랑하는 사람의 얼굴을 찾을까, 아니면 나 자신일까? 물론 내 얼굴부터 찾는다. 내 얼굴이 어떻게 잘 나왔나, 실물보다 사진이 더 예쁜지 등등을 살핀다. 그러고 나서 사랑하는 사람의 순서대로 하나하나 얼굴을 찾는다. 이것은 누구나 갖고 있는 무의식의 행동이다.

그런 의미에서 누구든지 '나를 제일 매혹시키는 것은 나 자신'이라고 생각해도 틀림이 없을 것이다. 그리고 그러한 나 자신을 생각하는 능력은 인간에게만 주어져 있다는 것이다.

 ## 자극을 내 속에서 찾을 수 있는가?

그러나 사람은 나 자신 속에서 뭔가(something)를 찾는다는 것은 아주 어렵다. 왜냐하면 눈에 보이지 않아 막연하기 때문이다. 그래서 사람들은 아무래도 자기 눈앞에 있는 구체적인 사물 속에서 찾기를 원한다.

사람들은 자기가 가장 좋아하는 것을 스스로 찾기 전에 부모나 학교, 혹은 사회가 제공해주는 것으로 눈을 돌리고 그곳으로 달려간다. 다시 말해서 주변에서 제공하는 것(공부, 대학교, 취직, 결혼 등)과 관계를 만들어 자기를 생각하고, 그리고 자기에게 자극을 가져다주는 것과 반응해서 자기 인생을 살아가는 것이 대부분의 사람들이다.

예를 들면, 여러분이 지금 하고 있는 공부, 여러분이 다니는 학교, 여러분이 다니는 직장, 여러분이 하려고 하는, 또는 하고 있는 결혼생활, 이 모든 것이 자기가 좋아서 선택한 것만은 아닐 것이다. 그렇다고 해서 이 모든 것이 쓸모없다는 이야기는 절대로 아니다. 물론 자기 외부에 있는, 구체적으로 보이는 것과 반응하는 것도 중요하다. 사람은 그러한 외적인 세계와의 관계 속에서 자기를 만들어 가기 때문이다. 하지만 자기가 가장 좋아하는 일을 자기 내부 속에서 한번 열심히 생각해보지 않는다면, 눈앞의 것이 변하거나 없어지거나 할 때 여러분이 가장 좋아하는 일도 보이지 않게 될 것이다.

넓은 세상으로 눈을 돌려라.

Miracles 1 **넓은 세상을 알아라.**

나는 가끔 젊은이들에게 '지금까지 읽은 소설 중에서 무엇이 제일 재미있었지?' 하고 물어본다. 그 경우 여러 가지 대답이 나온다. 대개는 황순원의 <소나기>, 이효석의 <메밀꽃 필 무렵> 등을 말하는 경우가 많다. '왜 좋아하느냐?' 고 되물으면 '교과서에서 재미있게 읽었으니까.' 라고 말한다.

이 말은 교과서 이외의 소설은 거의 읽지 않았다는 것도 될 것이다. 대개의 학생들은 주어진 교과서 정도 밖에 상대하지 않는다. 눈앞에 제공된, 그리고 그 속에서 자극받은 것과 교제하고 그 이외의 세계와는 교제하지 않는다는 뜻이다. 경험의 세계가 우물 안 개구리식이다.

그렇게 여러분들이 우물 안 개구리 식의 경험밖에 없다면 여러분이 지금 '가장 좋아하고 있다고 생각하는 것' 조차 여러분이 지금까지 만난 것 중의 한 부분(one of them)에 지나지 않을 것이다. 그렇게 보면 여러분은 자기를 너무나 좁은 울타리 속에 가둬버린 셈이 된다.

사람은 가장 가능성이 큰 존재이다. '나' 라는 인간은 여러 가지 가능성이 있는 존재이다. 가능성이 있다는 것은 자기가 가장 좋아하는 일을 펼쳐갈 수 있는 사고(思考)를 무한대로 넓혀 갈 수 있다는 것도 된다. 그리고 그 속에서 자기가 가장 좋아하는 일을 생각해서 선택했다면 그 무한대의 가능성에 도전하는 것도 된다.

그러므로 눈앞에 주어진 세계만이 아니라 넓은 세계로 눈을 돌리지 않으면 안 된다. 그것은 '눈앞이 아닌' 세계로 시야를 옮기는 것을 뜻한다. '눈앞이 아닌' 세계란 목전(目前)의 세계만이 아니라 눈에 보이지 않는 관념적인 세계를 포함한 넓은 세계를 뜻한다. 관념(觀念)이란 사고의 대상으로 되는 의식의 내용이나 심적 형상(心的形象)을 통틀어 일컫는 말이다. '눈앞이 아닌' 세계로 눈을 향한다는 것은 우리 주변에 보이는 구체적인 세계만이 아니라 외부로 뻗어 있는 세계, 예를 들면 미국, 아프리카, 이라크 등 지금 전 세계 각지에서 어떠한 일이 벌어지고 있느냐로 눈을 돌리는 일이다. 그리고 관념적인 세계로 말한다면, 자기 마음의 내부를 들여다보는 일도 포함된다.

이처럼 세계와 자기 내면을 넓혀서 보아야 지금 '자기가 가장 좋아하는 것'이라고 생각하는 것이 정말로 가장 좋은 것인지, 아니면 더 좋은 것이 있는데 잘못 알고 있는 것인지를 확실히 알 수 있는 것이다.

넓은 통로를 가져라.

앞에서 말한 대로 '나' 속에는 많은 가능성이 있다. 그런데 역설적으로 들릴지 모르지만 결론적으로 말하면 나의 세계 속에 없었던 것을 찾아내는 것이 가장 좋아하는 일을 발견하는 왕도가 된다. 자기가 가장 좋아하는 것을 찾으려면 자기 속을 열심히 생각하고 있는 것만으로는 어지간히 발견할 수가 없다. 다시 말해서 관념만으로는 자기가 하고 싶은 것, 자기가 가장 좋아하는 일을 발견하기 어렵다는 뜻이다.

현실 세계 속에서 자기가 어떠한 위치에 있는지, 자기의 흥미가 어디에 있는지를 열심히 찾아내야 한다는 것이다. 즉 자기 속을 들춰내어 시시콜콜 끌어낼 뿐만 아니라 자기 관념을 현실의 세계와 폭넓게 맞춰나가는 작업을 하지 않으면 정말로 자기가 무엇을 하고 싶어 하는지, 무엇을 가장 좋아하는지를 발견할 수가 없다는 것이다. 만일 여러분이 그런 작업을 하지 않았다면 지금 여러분이 가장 하고 싶다거나, 가장 좋아하는 일이라고 생각하고 있는 것도 단순한 자기본위의 관념에 지나지 않을지도 모른다.

예를 들어 보자. 여러분이 음악을 좋아하고 있고 '나는 피아노에 재능이 있다.'고 믿고 있다고 간주해 보자. 그래서 '나는 음악가(Musician)

가 되고 싶다.' 라고 하자. 그러나 음악을 좋아한다는 것만으로 음악가가 될 수 있는 것은 아니다. 피아노만 하더라도, 약간의 재능이 있다고 믿고 있는 사람은 얼마든지 있다. 그러므로 자기 혼자서 ‘나는 재능이 있다.’고 생각하고 있는 것은 자기만족에 지나지 않는다는 말이다. 재능을 넓은 세계 속에서 검증하지 않았다면 정말로 재능이 있는지 어떤지 모르는 것이다. 그러나 콩쿠르 등 공인 받은 대회에 출전해서 입상을 했다면 넓은 세계가 재능을 인정한 것이 될 것이다. 그런 것이 필요하다.

그러나 여러 차례 콩쿠르에서 떨어져 결국 재능을 인정받지 못하는 사람도 있다. 그러면 ‘심사원들이 사람을 볼 줄 모른다느니, 내 재능이 너무 높아서 보통 사람들은 모른다느니’ 하고 자가당착에 빠지는 사람들을 많이 보게 된다. 그런 사람들은 자기가 쌓아놓은 관념의 울타리 속에·갇혀 있는 꼴이다. 분명히 제멋대로라고 말할 수 있을 것이다.

이런 사고방식은 누구나 갖기 쉬운 것이다. 조금 글을 잘 쓰는 것 같고 아무한테라도 글을 잘 쓴다고 약간 칭찬만 들으면 ‘나는 소설가의 재능이 있어.’ 라고 생각하거나, 그림을 한번 칭찬받은 것만으로 ‘나는 그림에 재능이 있으니까 화가가 된다.’ 라고 간단히 생각해버리는 사람들이 의외로 많다.

그리고 그런 사람일수록 현실세계 속에서 자기 재능이 평가되는 것을 두려워한다. 그래서 ‘나는 정말로 소설가가 될 재능이 있다거나, 화가가 될 재능이 있다.’ 는 생각을 계속 품고 있으면서도 현실세계에 도

전하려고 하지 않는다. 또한 그런 사람일수록 '나는 주위 녀석들과는 다르다.'고 쓸데없는 우월의식(콤플렉스)만을 품고 언제나 실현 불가능한 환상만을 품고 살아가는 것이다.

'난 이런 능력이 있다. 그러므로 이런 것을 하고 싶다. 나는 이런 일을 가장 좋아한다.'고 젊은 사람들은 가볍게 말한다. 그러나 정말로 그러한 능력이 있고 또 그것이 정말로 그 사람이 가장 좋아하는 일인지는 스스로 주위의 넓은 현실세계 속에서 온갖 격투를 하고 거기서 현실과 자기 희망의 괴리를 느끼거나 실패의 체험을 하고 나서야 비로소 알게 되는 것이다.

그러므로 앞에서 이야기한 것처럼 좁은 주위의 현실세계만을 보고 자기가 가장 좋아하는 일이라거나, 가장 하고 싶은 것이라고 생각하는 것은 위험천만한 사고방식이다. 자기 눈높이를 멀리까지 넓혀 세계 속에서 가장 좋아하는 일이나, 자기가 하고 싶은 것을 찾으려고 노력해야 한다. 그런 노력 없이 자기 눈앞에 있는 단순하고 아주 적은 일만 접촉하고서 그 속에서 가장 좋아하는 일이라고 결정해 버린다면 저 넓은 세계 속에 정말로 자기가 좋아하는 일이 있음에도 불구하고 잘못 선택하는 착각 속에 빠진 꼴이 되고 만다.

자기 내면을 깊이 파내려 가는 것도 중요하지만, 현실세계를 넓고 멀리까지 꿰뚫어 볼 수 있는 눈을 갖지 않으면, 종종 그것은 자기 본위의 환상에 지나지 않는 것이 되어버리니까 주의해야 한다. 잘 알고 선택하는 것이야말로 성공의 요체이다.

왜 학교가 중요할까? 왜 공부가 중요할까? 왜 어릴 때 책을 많이 읽는 것이 중요할까? 한마디로 말하면 내 주변에 있는 것, 예를 들면 내가 쉽게 접촉하여 안다고 하는 것과 내가 가장 좋아하는 것에 많은 차이가 있다는 것을 알게 해주려는 것이다. 그러므로 학교 교과서는 상당히 넓은 범위를 가르치고 있는 것이다. 넓은 세계로 통하는 입구를 많이 갖는 것이 자기가 가장 좋아하는 일이나 하고 싶은 일을 찾는데 편리하기 때문이다. 그런데도 우리 사회는 대학입시를 중시하여 교과 과목을 줄이려는 움직임이 있는데 이것은 커다란 문제가 있다고 나는 생각한다.

'이것이 내 취미이다. 이것이 내가 가장 좋아하는 일이다.' 라고 사람들은 아주 쉽게 말한다. 그러나 가만히 생각해보라. 여러분이 지금 제일 좋아한다고 생각하는 것도, 사실은 여러분이 지금까지 경험한 범위 안에서 생긴 것이다. 세상 속에는 여러분이 직접 주변에서 체험하지 않은 것이 얼마든지 있다.

그리고 책을 읽는다는 것, 공부를 한다는 것은 당신이 체험할 수 없었던 것을 직접은 아니더라도 간접적으로나마 체험하고 있는 것이다. 이른바 모의체험(模擬體驗)이다. 그러므로 책을 읽는 일이나 공부하는 일로, 여러분의 경험의 폭이 더욱 넓어져서 또 다른 경험세계가 생기니까 그만큼 세계와의 통로도 자연히 넓어지게 되는 것이다.

여러분들도 초등학교 때보다 중학교 때가, 중학교 때보다 고등학교 때가, 고등학교 때보다 대학교 때가 더 넓은 세계가 있다는 것을 알 수 있지 않았을까? 그리고 그 세계와 도전해서 살아가야 한다는 것을 느꼈을 것이다. 그런 식으로 자기만의 좁은 세계가 자기 주변을 초월한 넓은 세계와 충돌하는 것이다. 아무리 자기가 좋아하는 일이고, 하고 싶다고 생각하더라도 이처럼 자기 주변을 초월한 넓은 세계와 격투하는 긴장감을 체험하지 않으면, 약간만 우월한 것을 만나도 순식간에 나는 붕괴되어 버리는 것이다.

희망은 영원한 기쁨이다. 인간이 소유하고 있는 토지 같은 것이다. 해마다 사용해도 결코 끝이 다하지 않는 확실한 재산이다. - 로버트 스티븐슨 (1850-1894)

〈보물섬〉이라는 명작을 쓴 스티븐슨의 말이다. 희망이 이루어지든 어쨌든 희망 그 자체에 기쁨이 있는 것이다. 희망을 갖고 있을 때 사람은 행복한 것이다. 독일의 시인 세퍼도 또한 '인간의 최고의 행복은 언제나 희망, 희망이다.' 라고 그의 작품 〈속인의 기도서〉에서 말하고 있다.

좋아하는 일의 선택과 책무

Miracles 1 변명은 자기를 지키려는 변형된 방법이다.

앞에서 말한 자기가 제일 중요하다고 하는 것은 어떤 뜻일까? 만일 여러분이 가장 좋아하는 것을 할 수 있는 좋은 취직자리가 집을 떠나서 멀리 가야만 하는 곳에 있다고 하자. 그렇지만 거기에 간다면 부모님이 싫어하시거나 혹은 반대하실 경우, 여러분은 어느 쪽을 선택할까?

여러분이 제일 중요하다고 생각하는 것이라면 부모님의 의사 정도는 무시하고 취직하는 길을 선택할 것이다. 그러나 부모 때문에 좋은 취직자리조차도 단념하고 집에 남기를 결정하는 사람도 있을 것이다.

좀더 확실한 예를 들어보자. 결혼이 그렇다. 자기는 정말로 하고 싶은데 부모가 반대하니까 그만둔다거나, 신랑(신부) 집이 멀리 가는 자리라서 안 된다거나, 배우자가 너무 가난해서 지금까지 지탱해온 생활환경이 붕괴될 것 같아 안 된다고 하는, 이런 말을 하는 사람이 있다.

그런 사람들은 자기 위치를 다른 사람과의 관계 속에서 결정하려고 하는 것이다. 그런 사람일수록 모든 일을 다른 사람 탓으로 돌리고 자기를 안전하고 안락한 장소에 놓기를 좋아한다. 만일 무슨 일이 잘못되면 그것은 엄마가 그렇게 하라고 했기 때문에, 혹은 친구 때문에, 선생님 때문에 등 모든 것을 남의 탓으로 돌릴 수 있다는 것이다. 그것은 상당히 안이한 방법이며, 자기 자신을 제2차적으로 생각하는, 즉 자기를 중요하지 않다고 말하고 있는 것이나 마찬가지이다.

좀더 심하게 말하면, 다른 사람의 입장을 생각해 주는 척하면서 다른 사람을 핑계로 자기 위치를 지키면서 사물을 결정하려는 오히려 독선적인 느낌이 짙게 깔려 있는 사람들이다. 그런 사람은 반드시 나중에 이런 식으로 말한다. 부모 때문에 참았더니, 형제 때문에 하고 싶은 것을 참았더니, 주위 환경이 너무나 허락하지 않아서 참았더니…, 그렇게 말하면서 자기는 정말로 다른 길로 가고 싶었는데 할 수 없었다고 변명하는 것이다. 이렇게 변명한다는 것은 자기를 제일 중요하다고 생각하고 결정한 것이 아니라는 뜻이 된다.

다시 말하면 모든 결정을 자기 의지대로 책임을 지고 한 것이 아니라 주변의 상황이나 환경에 따라 제멋대로 했다는 말이 된다. 이것은 한마디로 자기 인생을 무책임하게 살고 있다는 뜻이 된다.

 **선택에는 책임이 따른다.**

'자기 책임의 세계 속에 자기를 놓는다.'는 이 말이 얼마나 귀중한지 여러분은 알고 있는가?

이 말은 자기가 알아서 자기와 대치하는 것과 싸워 나간다는 뜻이다. 자기 책임 아래 자기를 놓지 못한다면 부모나 혹은 주위에게 책임을 전가하고, 자기가 가는 길을 스스로 막는 것이 된다.

어떤 인생을 선택하든 자기가 생각한 대로, 자기가 그린 그림처럼 멋지게 흘러가는 것은 아니다.

쉬운 길일 것 같아서 선택했다고 하더라도 그 뒤의 인생이 즐겁게 흘러가는 것만은 아니다. 역시 그 나름대로 고생은 따라오는 것이고, 또 생각지도 않은 어려움도 겪게 되는 것이 인생이다.

이와 반대로 이 길이야말로 내가 가야할 길이라고 비장한 각오로 어떤 길을 선택했다고 하더라도 그 길이 결코 쉬운 것은 아니다. 그 길은 물론 더 많은 어려움이 따를 수도 있는 것이다. 그러한 엄격한 사고방식을 좇아서 했으니까 이룰 수 있을 것이라고 생각하겠지만 그것이 반드시 보장되지 않는다. 그렇게 결정하고도 자기가 좋아하는 일을 중도에서 포기하는 경우가 허다하다.

다만 자기가 생각한 것을 좇아서 한 것이니까 그 실현의 길을 반드시 찾아내려고 노력할 것이고, 어쨌든 조금이라도 실현하고 있다는 자신감은 생길 것이다. 즉 아무리 어려움이 닥치더라도 내가 가장 좋아하는 일로 방향을 선택했다는 자신감 말이다. 그런 자세가 필요한 것이다.

그런 자세가 드넓은 바깥 세계를 향해서 자기를 넓게 만드는 것일 뿐만 아니라, 또 동시에 내부를 파헤쳐 자기를 발견해 가는 길이 되는 것이다. 그런 자세가 자기가 가장 좋아하는, 그리고 자기가 하고 싶은 것을 하기 위한 왕도가 되는 것이다.

Miracles 3   나를 찾다보면 나 자신이 모호해진다.

먼저 자기가 어떤 존재인지를 열심히 생각하거나, 귀중하게 다루는 것은 상당히 중요하다. 하지만 그런 '나' 라는 것은 사실 이해하기 어려운 존재물(being)이다. 자기가 어떤 존재인지 생각하여 알아내는 것이 인생에 있어서 온갖 의문의 중심점이 된다는 것은 분명하다. 그러나 내가 어떤 존재인지 밝히는 일이 생각만큼 그렇게 간단명료한 것이 아니다.

오히려 온갖 노력을 다하여 자기 자신을 생각하면 할수록 자기 자신의 모양(象)이 여러 가지가 되고, 또 여러 가지 의미가 되어서 점점 더 나 자신이 어떤 존재인지 애매하게 되는 것이다.

예를 들어, 나를 놓고 깊이 생각하여 '나는 어디서 와서 어디로 가는지, 나는 정말 무엇인지, 내가 지금 살아가는 방법이 옳은지' 를 생각하면 생각할수록 도무지 나 자신이 무엇인지 모호해진다. 그러나 이런 것이야말로 정말로 나 자신을 생각하고 있다는 증거가 되는 것이다. 나 자신을 귀중하게 생각하지 않는다면 그런 생각조차도 하지 않을 테니까.

반대로 나 자신을 생각해보려고 하지 않는 사람은 자기라는 모습을 멋대로 결정하여 다루고 있기 때문에 단순하게 '나는 이런 사람이다.' 라고 말하게 된다. '나는 이런 존재이므로 이렇게 산다. 그러므로 이러 쿵저러쿵 다른 사람에게 말들을 필요가 없다.' 라는 자세가 된다.

이런 사람일수록 자기를 스스로 업신여기거나 우습게 여기게 된다. 그렇게 되면 아주 보잘 것 없는 일에 자기를 맡기거나, 유행을 따라 흘러가는 현세적인 인간이 되고 만다. 한마디로 말하면 '될 대로 되라' 는 인간형이 되고 만다는 것이다.

'나' 에 대해서 생각하는 것은 중요한 일이긴 하지만, 자기 자신에 대해서만 계속 생각하고 있으면 '나' 라는 좁은 세계에 갇혀서 오히려 자기가 보이지 않게 된다. 그것보다는 오히려 나 이외의 세계와 많은 교제를 갖는 것이 나를 알 수 있는 계기가 될 수 있다.

가령 아르바이트를 통해서 그전까지는 몰랐던 소극적인 자기 성격이나 편협한 사고를 깨달을 수도 있고, 그동안 너무 안일하게 지낸 것에 대한 반성도 생길 수 있다. 그런 것들은 가만히 앉아서 생각하는 것만으로 얻어지는 것은 결코 아니다.

넓은 세계 속에서, 그 세계에 있는 많은 것과 지금 나 자신은 어떤 관계인가? 그 관계 속에서 과연 어디가 나 자신의 위치인가? 그 위치 속에서 나 자신은 무엇을 하면 제일 좋은지 알 수 있다면 지금 당장 여러분들은 상당한 활기를 얻을 것이다.

자기가 무엇을 하면 제일 좋은지를 찾았다면 하는 일마다 재미있고 신바람이 날 것이 분명하기 때문이다.

자기를 안다는 것은 머리 속으로 알 수 있는 것은 아니다. 현실의 경험을 통해서 알 수 있다. 나 자신을 바깥세계로 던져버린다는 객관화, 다시 말해서 자기를 현실의 상황에 따라서 표현해 가는 방법으로 비로소 알 수 있게 되는 것이다.

자기 자신의 실패는 몸을 갖고 배운 교훈이다. 하지만 '인간은 다른 사람의 경험을 이용한다는 특수능력을 가진 동물이다'라고 말한 코링우드의 말을 빌리지 않더라도 다른 사람의 경험으로부터 배울 때 선행이나 성공보다는 실패한 경우가 더 많은 것을 배울 수 있다고 롱펠로우는 말하고 있다.

넓은 세상에서 찾아야 하는 것들

 '나' 는 그때그때의 명제이다.

자기를 알아내야 한다고 해서 무엇이든지 다 알아내야 한다는 것은 아니다. 다만 이것이 나 자신이라는 포인트를 알아내야 한다는 것이다. 나의 핵(核) 같은 것을 붙잡아내야 한다는 것이다. 그렇게 하더라도 애매한 것이 많이 존재한다. 그렇지만 그 속에서 먼저 무엇이 나의 핵인지 확실히 발견하는 것이다.

그것은 단순히 '나는 나이다' 라고 명확히 결론짓는 방법과는 다르다. 지금까지 많은 세계나 사물과 교제해오면서 느낀 나의 포인트, 핵을 발견하는 것이 자기를 발견하는 길이다. 결론적으로 말해서 '나는 이것이다.' 라는 결정적인 '나' 는 영원히 발견할 수 없는 것이다. 실은 '그때 그때의 나' 밖에 발견할 수 없는 것이다. 발견할 수 없다기보다 '그때그 때의 나' 밖에 존재하지 않는다고 말하는 것이 더 옳은 말일지도 모른 다. 나는 이런 존재라는 하나의 줄기로 통하는 '변함이 없는 동일성이 있는 나' 는 없는 것이다.

왜냐하면 인간은 자기가 원해서 이 세상에 존재한 것이 아니기 때문 이다. 그러면 부모가 원해서 내가 존재할까? 그렇지도 않다. 만일 내가 원해서 태어났다면 골치 아픈 우리나라 같은 곳에서 태어나기를 바란 사람은 하나도 없을 것이다. 잘 사는 미국이나 스웨덴, 덴마크 같은 나 라에서 태어나기를 바랐을 것이다. 부모의 입장에서도 마찬가지이다. 나 같은 아들을 원하지는 않았을 것이다. 좀더 머리도 좋고, 잘 생긴 아 들을 원하지 않았을까? 그러므로 나는 내가 원해서 되는 것이 아니기 때문에 '변함없는 동일성의 나' 는 존재할 수 없는 것이다.

가령 나 자신의 예를 들어 보면, '현재의 나' 는 우리나라 젊은이들을 사랑하는 사람이고, 두 아이의 아버지라는 현재의 나밖에 없는 것이다. 학생시대의 나라고 하면 **대학교의 학생이고, 독신이라는 것이었다.

또 여러분들 자신을 예로 들어보자. 나는 **대학교의 학생이고, 애인 이 있고, 무엇을 좋아하고, 또는 나는 **직장에 나가고, 애인을 구하고 있고, 무엇을 좋아하고 등등 밖에 없다. 다시 말해서 '나' 라고 해도 '나 는 무엇이다.' 라는 그때그때 잠정적인 명제(命題)는 있어도 절대적이고 결론적인 명제는 없다는 것이다. 그러므로 자기를 추구해 가면 갈수록 잠정적인 명제가 점점 많아져서 '나는 이것이다.' 라는 명백한 자기가 밝혀지지 않게 되는 것이다.

자기를 안다는 것의 제일 중요한 포인트는 앞에서 말한 대로이다. 자기를 추구하면 할수록 자기가 확실하지 않게 된다고 하는 말은 부정적인 의미로 말하는 것은 아니다. 정말로 사물은 알면 알수록 세계가 아름답게 정돈되어 깨끗하고 명료하게, 그리고 투명하게 보이느냐 하면 그렇지 않다.

사물은 알면 알수록 속이 깊어져서, 그 속의 속에 무엇이 있는지 추구해 가면 갈수록 알 수 없어진다. 이것이 인간의 인식세계(認識世界)이다. 그러므로 많은 세계와 관계를 가진 적이 있는 사람은 세계의 일을 많이 알고 있어도 세계를 단순 명쾌하게 '이것이다.' 라고 말할 수 없는 것이다. 추구하면 할수록 의혹(疑惑)이 생겨서 알 수 없게 되는 것입니다. 이것이 자기를 제일 잘 알 수 없다는 의미이다. 자기를 알 수 없다는 것은 부정적인 의미가 아니다. 자기를 완전히 알 수 없어질 정도까지 자기를 넓은 곳으로 가져가는 것이 필요하다는 뜻이다.

Miracles 2 ｜ 자기가 없어질 때까지 멀리 나가자.

그러면 넓은 세계에 자기를 내던져 버렸다고 해서 자기를 찾을 수 있을까? 그렇지 않다. 그 넓은 세계에서 다시 나 자신이 있는 지금 현실의 장소까지 되돌아올 필요가 있다. 그런 여행을 여러분들은 언제나 하고 있는 것이다. 다만 무의식적으로 하고 있기 때문에 깨닫지를 못하는 것뿐이다.

예를 들어보자. 소설을 읽는다는 것도 그런 일 중의 하나이다. 여러분들이 좋아하는 텔레비전의 연속극이나 드라마도 마찬가지이다. 최근에 젊은이들 중에 많은 인기를 끌었던 <가을동화>라는 드라마가 있었다. 여러분들은 그 작품에 매료되어 작품 속 어딘가로 몰입해 간다. 그리고 완전히 감정이입(感情移入)을 하면 자기를 잊을 정도까지 흥분한다. 주인공을 따라 울고 웃는다. 결국 엑스터시(ecstasy) 경지까지 간다.

엑스터시란 그리스말에서 유래한 말로 무아경, 황홀, 자기도취라고 번역하지만, 이것은 자기 망각을 뜻하는 것이다. 자기 망각이란 다른 말로 하면 일종의 자기 해방도 된다. 도덕이니, 윤리니 하는 갑옷 속에서 벗어나는 것이 자기 망각이니까 자기 해방이라고 할 수도 있다. 그래서 작품을 통해서 현실에 구속된 자신을 해방시켜 카타르시스(catharsis)를 하기도 한다. 그것이 무의식의 세계이다.

어떤 사람들은 작품에 너무 몰입하여 자기를 잊은 채 스토리에 빠져서 살인을 범하는 등 어리석은 행동을 하는 경우도 있는 것 같지만 그런 사람들은 현실의 자기로 돌아올 힘이 없는 사람이라는 말이 된다. 요즘 인구(人口)에 회자(膾炙)되고 있는 자살사이트나 인터넷증후군 등이 이런 경우라고 할 수 있을 것이다.

다시 한 번 현실의 자기로 돌아오는 힘, 자기를 되찾을 수 있는 힘이 있느냐 없느냐가 중요한 것이다. 그리고 세계라는 작품을 이해하고 있느냐, 그 세계 속의 어디에 자기가 위치하고 있느냐를 찾아내는 것이 포인트가 되는 것이다.

Miracles 3 　무의식 속에서 자기를 생각하는 것이 인간이다.

엄밀히 말해서 사람은 자기 일만 생각하고 있는 존재이다. 그럼에도 불구하고 사람들은 자기 일은 전혀 생각하지 않고 다른 일만 생각하고 있다고 말하길 좋아한다. 예를 들면 소설 형식 중에 자기 개인의 생각이나 생활은 전혀 들어가지 않은 작품이라는, 소위 사소설(私小說)이 아닌 작품이 있다. 그러나 잘 읽어보면 자기를 생각하지 않는다는 형식을 통해서 자기를 생각하고 있다는 것을 알 수 있다. 좀더 정확히 말하면 인간은 자기를 생각하고 있지 않다는 형식을 통해서 밖에 자기를 표현할 수 없는 생물이다.

제일 전형적인 것이 역사소설이다. 역사물을 읽지 않는 사람들은 자기 경우와 관계없는 일이니까 자기 인생과는 관계없다, 자기와는 아무런 관련이 없다고 생각할지도 모른다. 반대로 역사소설을 쓰는 사람은 현대의 일이 아니므로 자유로이 쓸 수 있고, 역사의 사실에 기초해서 쓰고 있으므로 스토리도 정확하게 쓸 수 있을 거라고 말한다. 아마 그렇게 말하는 사람들은 역사소설을 진정으로 맛본 일이 없는 사람일 거라고 생각한다.

우리나라의 역사소설가로 유명한 분이 월탄 박종화 선생이다. 박종화 선생은 처음에는 시인으로 출발하셨지만 나중에는 역사소설로 더 유명한 분이 되었다. 그분의 대표작인 <금삼의 피>는 여러분도 읽어보았을 줄로 믿는다. 그 외에도 <다정불심> <홍경래> <임진왜란>, 그리고 얼마 전 SBS에서 드라마로 방영한 적이 있는 <여인천하> <자고 가는 저 구름아> <월탄 삼국지> <양녕대군> <세종대왕> 등 숱한 작품들을 남겼다.

소설은 쓰는 방법이 여러 가지가 있으니까 그것은 그것대로 좋다고 생각한다. 그러나 월탄 박종화 선생이 쓴 역사소설이 모두 역사를 그대로 옮겨 놓았다고 생각할 수 있을까? 그렇지 않다. 역사소설이라는 이름을 빌려서 어떤 삶의 방식을 갖고 있는지, 어떤 사고방식을 갖고 있는지, 세상이나 세계에 대해서 어떤 사고방식을 품고 있는지를 자기 본위로 세워놓고 쓴 것이다. 다만 역사소설이라는 형식을 빌려온 것뿐이다.

이광수의 <원효대사> <마의태자> <단종애사> 등의 역사소설도 마찬가지이다. 등장인물은 여럿이지만 모두 작가 본인이 비밀리에 담겨 있는 것이다. 즉 그 인물들에게 작가의 삶의 방식이나 사고방식을 투영하고 있는 것이다.

즉 사람이라는 것은 자기를 의식하지 않는 형식으로 쓸 때에 비로소 자기를 생생하게 무의식적으로 말할 수 있는 것이다. 소설가들이 역사소설을 쓰는 매력은 거기에 있는 것이다.

여러분도 기분이 좋을 때는 배가 고프거나 아프다고 느끼지 않을 것이다. 배가 고프다거나 아프다고 느낄 때는 기분이나 몸이 조화를 잃어서 위험신호를 발하고 있을 때이다. 마찬가지로 사람이 자기 자신을 의식하고 있을 때는 골치 아픈 일이 일어났을 때이다.

작가가 작품을 쓸 때 자기를 의식하지 않고 쓸 수는 없다. 소설을 쓴다는 작업이 유쾌하거나 쾌적한 작업이 아니기 때문이다. 그러므로 작가는 우울 상태가 아니면 글을 쓸 수 없다는 것이 통례인 것이다. 그래서 <죄와 벌>을 쓴 도스토예프스키는 일부러 어려움을 자청하면서 글을 썼다고 한다. 그는 수중에 돈이 다 떨어져야만 단칸 셋방에서 글을 썼다고 한다.

어쨌든 흥분하고 있다는 것은 자기를 초월한 상태이므로 기분 상으로는 좋은 상태이다. 엑스터시, 황홀상태이다. 자기에 대해서 전혀 신경 쓰지 않고, 전혀 자의식(自意識)을 갖고 있지 않을 때가 제일 생생하게 자기가 살아있을 때이다.

역사소설처럼 자기가 살고 있는 곳과 전혀 다른 세계에 들어가면 자기가 생생해질 수 있다. 그 이유는, 그 세계에서는 자기라는 것에 신경을 쓰거나 생각할 필요가 없기 때문이다. 그런 세계 속에서는 자기가 처한 장소나, 자기가 무엇이라거나, 자기가 거기서 어떤 일을 하면 좋은지를 직접 느낄 필요가 없다.

다시 말해서 자기를 조금도 마음에 두고 있지 않을 때, 자기 정신과 신체의 상태를 전혀 느끼지 않을 때가 제일 자유롭고 생생하게 살아 있는 때이다. 그런 경지에서 일하거나 살아간다면 제일 좋겠지만 인간이라는 존재는 그런 식으로 생겨 있지 않다. 보통 자기를 잊고 흥분하는 시간은 아주 짧다. 흥분하고 있는 시간이 이상하게 길다는 것은 불면상태이거나 분명히 병에 걸린 때라고 할 수 있을 것이다.

예를 들면 고스톱이나, 인터넷 게임이나, 바캉스 등에서 자기를 잊기보다 일상적인 일이나 공부를 할 때 자기를 잊을 수 있다면 얼마나 좋을까? 그때가 바로 자기가 좋아하는 것을 찾아 거기에 자신을 몰입하는 때이니까 말이다. 다른 말로 하면 자기를 안다는 것은, 실은 자기를 조금도 의식하지 않고 열심히 무엇을 한다는 뜻이다.

실패에 달인이라는 것은 없다. 사람은 누구라도 실패 앞에는 보통 사람이다. - 알렉산더 푸시킨 (1799~1837)

누구라도 실패하고 싶은 사람은 없을 것이다. 또한 어떤 사람이라도 잘못이나 실패를 할 수 있는 것이고 절대로 실패하지 않는다는 사람은 없다. 영국의 시인 알렉산더 포프는 '실패하는 것은 인간이고 그것을 용서하는 것은 신이다.'라고 그의 저서 〈비판론〉에서 말하고 있다.

5

도약을 위해 움츠려라.

Miracles 1   인생에는 모라토리움이 있다.

30대 초반에 동급생들이 모두 취직하여 사회에서 훌륭하게 활약하고 있는 것을 곁눈으로 보면서 나는 직장도 없고, 일은 하고 있지만 앞으로 무엇이 될지도 모르는 애매한 시기를 보낸 적이 있었다. 그럴 때는 좋든 나쁘든 사회에 대해서 질투심이 용솟음친다. 저주할 정도는 아니라고 하더라도 그 당시 나는 다른 친구들에게 절대로 지지 않겠다고 무아지경이 되어서 5년간 눈을 딱 감고 용기를 낸 적이 있었다.

그 당시는 그렇게 할 수밖에 없었다. 마땅히 갈 만한 장소도 없었던 것이다. 가족이야 어찌 되었든, 우정이야 어찌 되었든 그렇게 부딪칠 수밖에 없다고 의식적으로 생각하고 열심히 노력했다. 그러고 나서 번쩍 정신을 차리자 눈앞이 활짝 열려 있었다. 이것이 소위 나의 무아지경 시대였다. 그런 시기가 바로 모라토리움(Moratorium)이다. 우리나라는 몇 년 전 모라토리움이라는 것을 당하기 직전까지 간 적이 있었다. 누구나 알고 있듯이 모라토리움이란 국가적 부도를 말한다. 나는 인생에도 모라토리움이라는 것이 있다고 생각한다.

다른 말로 하면 인생의 공황기라고 할 수 있다. 그 때가 바로 20대 후반부터 30대 초반이 아닐까라고 생각한다. 이렇게 자기가 아무것도 아닌 시기에 무아지경이 되는 때가 인생에 있어서 자기가 바로 생생하게 나타나는 때이다.

모라토리움이란 유예기간을 말한다. 중학교부터 고교, 대학까지, 전부 모라토리움 시대라고 말할 수 있을는지 모르지만, 실제로는 입시라는 큰 과제가 있으니까 대학 4년간과 졸업하고 나서 약간의 기간을 모라토리움 시대라고 할 수 있을 것이다.

여러분들 가운데 대학을 졸업한 분이 계실지 모르지만, 대학의 4년 동안을 통해서 이것만은 교수한테도 지지 않는다는 분야가 있었는가? 현재는 대학을 졸업하는 것이 취직을 하기 위한 모라토리움 기간으로 생각하는 것 같다. 그래서 배우는 것을 일로 생각하는 경향이 있는데, 이공과 계통이라면 그래도 약간은 수긍이 가지만 문과계통이라면 대학에서 배운 것과는 전혀 관계가 없는 일을 하는 일이 많다. 그래서 대학 4년 동안 거의 공부도 하지 않고 놀거나 아르바이트에 정력을 기울여 분명히 모라토리움을 멋지게 지내는 사람도 있을지 모른다.

그러나 대학에서 배운 것으로 살아간다고 하면 전문분야에서 먹고 살아간다는 말이 된다. 전문분야를 연마하려면 대학원에 가고 나서 7, 8년을 더 지나야 한다. 그러면 3년, 4년의 시점에서, 예를 들어 괴테라면 몇 권의 어느 부분에 대해서는 교수보다도 더 잘 알고 있다는 분야를 갖추지 않으면 아무도 인정을 해주지 않는다. 이것이 보통 자기 전문분야를 갖는 길인데, 그렇게 생각하면 전문을 습득하는 기간이 무척이나 길다.

대학생활을 보통 모라토리움이라고 하는 것은 이처럼 전문을 몸에 지니기 위한 기간이라서 그런 말을 하는 것은 아니다. 자기가 이제부터 일생을 어떻게 살아가야 할 것인지(인생의 목적), 무엇으로 살아갈 것인지(수단)를 생각하는 기간이라는 뜻이다. 직업뿐만 아니라 살아가는 스타일도 포함해서 말이다.

그러나 대학 4년은 눈 깜짝할 사이에 지나가 버리게 된다. 여름이 지나면 곧 겨울이 오고, 겨울이 지나면 곧 봄이 오고하는 식이다. 그 사이에 열심히 자기 세계를 넓히지 않으면 안 된다. 그것이 독서이든, 혹은 아르바이트를 통해서 얻는 실사회의 체험이든, 학내의 서클 활동이든 여러 가지가 있을 것이다. 그래서 여러 가지 사이에서 싸우면서 이윽고 자기가 보이지 않을 때까지 골똘히 생각해 본다.

그러나 보이지는 않더라도 나 자신이란 도대체 무엇인지를 계속 생각하다가, 결국 자기라는 것을 생각할 수 없어졌을 때 문득 정신이 돌아오면 약간 자기가 희미하게 떠올라온다. 그런 시대를 모라토리움 시대라고 말할 수 있을 것이다. 그런 시간은 아마 대학 4년만으로는 약간 짧을지도 모른다.

백지상태의 기간이 필요하다.

이미 자취를 감춘지 오래되었지만 옛날 도제제도(徒弟制度)라는 것이 있었다. 예전에는 무슨 기술을 익히든지 모두 도제제도를 통해서 이루어졌다. 예를 들어 도자기 굽는 기술을 배운다면 어느 스승 밑에 들어가서 온갖 잡일을 하면서 터득해나가는 방법을 말한다. 물론 봉급도 주지 않았고, 언제 도자기공이 될지도 모르는 기간을 잡일과 고통 속에서 지낸다.

처음에는 도자기를 굽는 명인이 되겠다고 의욕을 불태우며 들어간 젊은이도 얼마동안 지나면 자신이 지금 하고 있는 짓이 무엇인지 회의를 느끼기 시작한다. 도자기 굽는 기술은 하나도 가르쳐주지 않고 매일 나무나 하고, 흙 퍼오는 일, 흙 개는 일, 불 때는 일 등등. 도자기를 빚는 물레는 잡혀주지도 않는다.

어느 날 문득 자기를 돌아다보면 한심해 보인다. 그래서 그곳을 뛰쳐나온다. 보통은 스승한테 말도 없이 사라지는 경우가 많았다. 그러나 그곳을 떠나 혼자가 되어서 가만히 생각해 보면 도대체 내가 무슨 짓을 한 것이냐 하는 생각이 든다. 떠나온 곳에 대한 미련이 남는다. 귀중한 것을 잃어버린 느낌이 들어 다시 도자기 가마터를 찾아간다. 그리고 스승한테 혼이 나고 난 뒤, 그곳에서 새로운 느낌을 받게 된다. 이것이 명인이 된 옛 사람들이 걸어온 길이다.

여러분도 본 사람이 있을지 모르지만 <동의보감>으로 유명한 조선 시대 명의 허준도 그런 길을 걸었다. 당시의 명의 유의태의 문하에 들어가 잡역부로 세월을 지낸다. 그러다 회의를 느껴 문하를 떠나지만 결국 다시 들어오고 만다. 그렇게 하여 명의가 된 것이다.

어떤 매력적인 일이든 이처럼 반드시 이완(弛緩) 기간이 나타난다. 이 이완은 미숙한 견습의 기간이 지나가고 있다는 증거인데, 본인은 조금도 느끼지 못한다. 오늘날의 회사라면 일단 사표를 제출하면 그것으로 마지막이다. 그것으로 당장 일이 없어진다. 그러므로 사직은 할 수 없고, 싫지만 하고 있다는 기분을 계속 갖게 된다. 회사형 인간은 너무 좁은 시야에 만족해 버린다.

대학의 모라토리움 기간에 자기 일을 생각해내고, 자기를 알려고 해도 오히려 자기 일이 알 수 없어지고, 그 결과 여러 가지 벽에 부딪친다. 어디에서 자기가 어떻게 되어도 좋다고 생각하면서도 최후까지 열심히 부딪쳐갈 때 비로소 자기라는 것이 막연하나마 보여 온다. 그런 것이 대학 4년 동안에 생긴다면, 그것은 그 사람에게는 엄청난 보물을 얻는 것이 될 것이다.

가령 자기가 좋아하는 회사에 취직했다고 하더라도 금방 알 수 있는 것은 아니다. 그 회사를 파악하고 그 일이 나의 적성에 맞는지, 또는 내가 정말로 하고 싶어 하는 일인지 등등 말이다. 어쨌거나 오늘날은 회사를 사직하려고 생각만 하면 금방 사직할 수도 있지만 옛날에는 전직(轉職)이 상당히 두려웠다. 전직은 이력서에 상처가 붙는 것이라는 생각도 있었기 때문이다. 자기가 걸어온 길을 스스로 변경한다는 것이 자기부정만큼이나 어려웠던 것이다.

현재는 이혼을 하든, 회사를 그만두든, 태어난 고장과 전혀 다른 곳에서 살든, 아무런 문제가 되지 않는 좋은 시대이다. 2, 30년 전의 사회는 지금과 달리 변화나 변경이 어려웠다. 자기가 살고 있는 장소가 아주 좁게 느껴졌던 것이다. 세계가 아주 좁았으니까 선택폭도 거의 없어서 대학 4년만으로 자기를 발견할 수 있었을지도 모른다.

그러나 세계가 몇 십 배나 넓어진 현재는 사정이 다르다. 대학 4년간, 혹은 그 뒤 취직해서 잠시 동안만 모라토리움에 구애받고, 장래의 일로 생각을 돌리라는 것은 아니다. 우선 무엇보다도 자기 세계를 넓히는 것이 가장 중요한 것이다. 자기 세계를 넓히는 작업을 하지 않으면 회사에 들어갔을 때 일에만 구애받고 있는 느낌이 들어 학생시대보다도 더욱 좁은 세계에 빠져 있다는 느낌이 들게 된다.

그러면 폐쇄감에 빠져 이렇게도 저렇게도 꼼짝할 수 없게 되고 만다. 그런 느낌이 전혀 없이 취직자리에 간단히 적응할 수 있는 사람이라면 회사형 인간이 되고 만다. 회사형 인간이란 한마디로 좁디좁은 자기에게 충족해 버리는 그런 사람을 말하는 것이다. 여러분이 생각하는 사람이라면 그렇게 간단히 안주할 수 없을 것이다.

 ## 전문성을 지니고 사회에 나와야 한다.

자기를 찾는다는 것은 자기의 모든 것을 안다는 것은 아니다. 우선은 자기 입구를 찾는 것이다. 자기 방향성 말이다. 오늘날의 사회는 선택의 종류가 거의 없었던 지난날의 사회와 달라서 선택종류가 너무 많아 어느 정도 자기 방향성을 정확히 갖고 있지 않으면 존재하기가 어렵다.

회사에 들어가서 5, 6년 지나면 무엇이 된다고 정해져 있던 것은 대체가능한 일을 하던 예전의 일이다. 그때는 전문성을 필요로 하는 시대가 아니었다. 만일 누군가 사직하면 다음 사람이 약간의 시간을 거쳐서 할 수 있는 일이었다. 그것은 프로의 일이 아니다.

자기를 찾는다고 할 때 제일 중요한 것은 막연히 어떤 것이 되고 싶다고 희망하고 있는 것이 아니라, 어느 정도 방향을 결정하여 되고 싶은 일의 능력을 얼마라도 갖춘다는 것이다. 요즘은 대학을 나와서 다시 전문학교에 들어가는 학생들이 많은 것 같다. 그런 학생들은 그런 의식을 갖고 있다는 말이 될 것이다. 모라토리움 시대에 얼마큼이라도 전문 능력을 갖추지 않으면 여러분의 앞날에 기다리고 있는 것은 대체 가능한 일뿐이다.

사회는 상당히 엄격한 시대로 들어섰다. 엄격하다기보다는 정직한 시대가 되었다고 말하는 편이 좋을 것이다. 옛날이나 지금이나 이상하게 젊은 시절부터 일을 하는 사람들이 있다. 예를 들면, 학생시대에 일을 하는 사람들 말이다. 요즘은 컴퓨터 시대라서 중, 고등학생들도 컴퓨터 회사의 미래 직원으로 채용되어 연구하고 있는 학생들도 많이 있다고 들었다.

예전의 대학 졸업자들은 일(전문)을 할 수 있느냐 없느냐로 평가받았다. 그러나 80년대부터 90년대에 들어오면서 많이 바뀐다. 어떤 직업이든 어떤 사업장이든 가리지 않고 모두 대응할 수 있는 능력을 갖추는 것을 중요하다고 생각하게 된다. 그 시대에는, 기업에 입사한 간부후보들은 온갖 일을 수년마다 돌아가며 체험함으로써 엘리트로 출세해 갔다. 소위 제너럴리스트(만능선수)이다. 그런 시스템이 한국의 고도경제성장을 지탱해온 제일 커다란 힘이 되었을지도 모른다. 그 당시의 기업은 신입사원이 일의 처리능력 자체는 미지수라도 그들의 잠재능력을 높이 사고 있었던 것이다.

90년대가 지나고 세계적인 경쟁시대에 들어오면서 이제는 처음부터 일에 대해서 어느 정도 능력이 있는 사람을 찾게 되었다. 즉 그 일에 대해서 얼마나 직접 해결해나갈 수 있느냐로 평가되고, 그런 능력이 있어야만 사회에 첫발을 내디딜 수 있다고 하는 새로운 스타일이 현저하게 나타나고 있다.

미국에서는 이미 그런 식으로 신입사원을 채용한지가 꽤 오래되었다. 실제로 능력이 있는지 어떤지는 모르더라도 비즈니스스쿨을 나온 경영자라는 이유로, 혹은 캐리어를 쌓은 사람이라는 조건으로 높은 급료가 지불되고 있다. 보통 사람의 10배나 50배로 계약금을 받는다. 그

대신 요구에 따르지 않으면 가차 없이 회사에서 쫓아낸다.

우리나라도 2000년대에 들어오면서부터 그런 경향으로 흐르고 있다. 전문성을 어느 정도 갖추지 않으면 신입사원으로서 응시 자격조차 주지 않는 시대가 되고 있는 것이다. 이것이 세계적인 흐름이다.

Miracles 4 　시행착오는 실습장에서 연마하라.

'갓 대학을 졸업한 사람이 무엇을 할 수 있겠어.'라고 하던 시대가 있었다. 현재는 그런 모럴리스트 시대처럼 대학 4년 동안을 편안하게 생각하여 아무것도 하지 않아도 되는 시대가 아니다. 전문성을 갖췄느냐 아니냐를 불문하고 모라토리움 시대에서 제일 바라는 것은 자기 가능성을 여러 가지로 시험하는 것이다. 모라토리움 시대는 자기에게 많은 역할을 맡겨보는 것이다.

대학시대란 이런 바람 저런 바람에 부딪쳐본다고 생각하는 것이 가능한 시대이다. 그런 길을 가려면 어떤 장애가 있는지, 이쪽 길을 가는 데는 어떤 스텝이 필요한지를 생각해 보거나 아르바이트를 해보는 등 약간 실지체험을 하면서 자기 방향을 찾기 위하여 시행착오를 얼마든지 할 수 있는 것이다.

오늘날의 대학 4년은 전혀 일과 관계없이, 나중의 인생과 전혀 관계없이 독립한 기간이 아니다. 대학에서 배운 것과 관계없이 취직이 딱 결정되는 그런 기회를 잡는 것이 어렵게 되어 있다. 사무직이나 점원

같은 누구라도 할 수 있는 일이라면 그럴 수 있다. 그러나 사무직이라
도 경리직이 되면 경리의 지식이나 컴퓨터를 사용해서 경리를 할 수 있
는 전문지식이나 기능을 요구하고 있고, 물건을 판다고 해도 매장의 상
품이 다양하기 때문에 여러 가지 레벨의 상품지식이나 구매자가 지금
무엇을 요구하고 있느냐 하는 마케팅 지식도 필요하게 되었다. 어떤 일
이나 능력과 노력이 필요한 시대인 것이다.

이 사회에서 자기가 좋아하는 일을 하기 위해서는 생각하고 있는 것
만으로는 안 된다. 그것을 만들어내는 것이야말로 자기가 살아가고 있
는 시대의 흐름, 특징을 잘못보지 않는 것이다. 준비부족으로는 아무 일
도 시작할 수 없다고 생각하라. 그 준비란 모라토리움 시대에 자기에게
여러 가지 역할을 주고 그것을 이리저리 연기해 보는 것이다. 즉 자기
를 사회의 모의무대(模擬舞臺)에 등장시켜 연기해보는 것이다. 잘 연기
할 수 있다고 해서 실제 사회에서 그대로 통용된다는 보장은 없지만,
그러나 시행착오를 겪었다는 그 자체가 중요한 것이다.

다음은 회사원들에 대해서 이야기해 보자. 많은 회사원들은 자기가
좋아하는 일을 하려면 곤란한 일이 언제나 따라다닌다. 지금 하고 있는
것이 있기 때문이다. 지금 하고 있는 일이 자기가 가장 좋아하는 일이
라는 은혜 받은 사람도 있겠지만 대부분의 회사원들은 미안하지만 그
렇지 않은 것 같다. 지금하고 있는 일이 바빠서 가장 하고 싶은 일을 할
시간이 없다, 지금의 일을 간단히 사직할 수 없기 때문이라는 것이다.
반대로 말하면 회사원들이 하고 싶은 일이란 지금 하고 있는 일이 아닌

다른 일을 하고 싶다는 것이 된다.

대학시대는 지금 하고 있는 것과 하고 싶은 것의 차이가 없었고, 또한 여러 가지 선택폭이 있었다. 그러나 하나의 직업을 갖고 그 직업으로 자신의 능력을 발휘하지 않으면 안 되는 자리에 섰을 때에는, 대개는 자신이 하고 싶은 일을 하게 되는 것이 아니라 하고 싶지 않은 일을 하게 되어 있다. 하지만 하고 싶은 일을 찾는 길은 지금까지 해온 체험과 경험이 있기 때문에 오히려 그렇게 어렵지 않다.

그런데도 일이 바쁘다거나, 불확실한 가능성에 투자하는 것이 두렵다거나, 골치 아픈 것은 그런 기회가 찾아왔을 때 생각하면 된다는 이유를 붙여서 자기 스스로 자기 가능성을 가로막고 있는 사람들이 의외로 많은 것 같다. 그러나 솔직히 말해서 자기를 찾는 가장 재미있는 일을 소홀히 하는 생활방식은 참을 수 없는 일이라고 나는 생각하고 있다. 여러분들은 어떻게 생각할지 모르지만.

인간의 일상에 대해서, 또한 그의 운명 전체에 대해서 결정하는 것은 순간뿐이다. - 괴테 (1749-1832)

누구라도 일생을 돌아보면 '아, 그때 이런 일이 나의 인생을 결정했다.'라고 생각하는 순간이 있을 것이다. 그 순간이란 고등학교 3학년 때 진로를 선택하던 순간일지도 모르고, 혹은 사업가로서 한 장의 서류에 도장을 찍을 때일지도 모른다. 어쨌든 순간순간 성실하게 살아가지 않으면 안 된다. 언제 중요한 순간이 찾아올지 모르기 때문이다.

가장 좋아하는 일은 내부에 있다.

Miracles 1 | **좋아하는 일은 모두 자기 속에 있다.**

지금까지 나는 여러분들에게 나를 찾는 지름길은 자기 속에서 찾을 것이 아니라 밖에서 찾아야 한다고 말했다. 실제로 그렇다고 생각한다. 그러나 이제부터는 앞의 이야기와는 정반대로 자기가 가장 좋아하는 일은 모두 자기 속에 있다고 말하려고 한다. 자기도 모르는 어느 곳에 자기가 좋아하는 일이 따로 떨어져 있는 것이 아니라는 이야기이다. 자기가 지금까지 생각해온 것과 경험한 것, 상상하거나 체념한 것 속에 자기가 정말로 좋아하는 일이 반드시 있다는 이야기이다. 그러므로 그것을 발견하기 위해서는 뭔가 자기한테서 먼 세계에 있는 것을 꿈꾸거나 그 꿈에 질질 끌려가서 찾거나 하지 말고, 자기가 지금까지 경험해 온 것이나, 혹은 자기 스스로 할 수 있는 것 속에서 찾아야 한다는 것이다. 그리고 지금까지 말해온 것처럼 자기 속에서 앞으로 되고 싶은 것을 찾아내기 위해서는 멀리 떨어진 곳까지 갈 필요가 있다. 그것이 책의 세계일 수도 있고, 넓은 현실 세계를 돌아보는 일일 수도 있다. 그런 식으로 아주 먼 곳까지 갔다가 자기 세계로 돌아와야 하는 것이다.

꿈을 꾼다는 것은 밤에 실제로 꿈을 보는 것을 말하는 것은 아니다. 자기 장래를 상상해보거나, 혹은 현실에서는 전혀 일어나지 않을 것 같은 일을 상상해보는 것도 꿈을 꾸는 것이다. 꿈을 낭만이라는 사람도 있지만, 꿈에는 좋은 꿈과 나쁜 꿈이 있다.

내가 20대일 때 한 달 만에 한편의 소설을 탈고하고 나서 흥분되어 한 달 이상 거의 잠을 이루지 못한 적이 있었다. 누워 있어도 '저것도 안 되는데, 이것도 안 되는데, 줄거리가 잘못된 것은 아닐까, 혹은 나의 의도와는 전혀 다른 것이 되어 있는 것은 아닐까.' 하고 계속 생각에 생각이 꼬리를 물고 밀려와 전혀 잠을 이룰 수 없었던 것이다. 대개는 악몽이었다.

사물을 생각할 때, 어떤 하나의 생각에 집착하는 일이 젊을 때는 상당히 강한 것이다. 여러 가지 면에서 생각할 줄 모르니까 오직 어느 것 하나에 집착해버리는 것이다. 다른 말로 말하면 사고방식이 교착 상태에 빠진다. 머리가 세게 조이는 것 같은 느낌이 들기도 한다. 그것은 여러 가지 사고가 조각조각으로 나누어져서 연관이 되지 않기 때문이다.

 젊을 때 관념을 한껏 키워라.

나이를 먹으면 A와 B가 어떻게 결합되어 있는지 그 결합을 다음 단계에서 어떻게 처리하면 좋을지를 경험상 대략 알게 된다. 물론 새로운 것에 대해서는 구애를 받아서 마치 머리가 응고된 것처럼 잘 돌아가지 않는 일도 있다. 그렇기 때문에 새로운 것에 시선을 돌리는 일은 거의 없고, 사물을 생각할 때마다 자신을 바짝 긴장시키는 일도 점점 적어진다. 노인의 머리는 건조하기 때문에 굳어지는 것이고, 젊은이의 머리는 아직 덜 자라 물렁물렁하기 때문에 굳는다고 말할 수 있다.

어쨌든 응고된 머리를 가졌느냐, 안 가졌느냐를 가장 간편하게 알 수 있는 방법이 보통은 술이다. 술이 한 잔 들어가면 자기 이야기가 다 나오게 되어 있다. 그러나 젊을 때는 술 마시는 법도 잘 모르므로 쉽게 점칠 수가 없는 것이다. 젊을 때는 관념이 혼자서 걸어 다녀 엄청나게 뚱뚱한 관념덩어리가 되는 것이다. 현실의 체험이라는 뒷받침이 없기 때문에 생각만 하늘높이 비상해 가는 것이다.

그렇기 때문에 과거 속에, 혹은 미래 속에서 자기에 대한 가능성의 씨앗을 발견할 수 있는 것이고, 그 가능성의 씨앗을 싹 틔울 수가 있는 것이다. 다만 그 씨앗을 기르기 위해서는 엄청난 양의 물이 필요하다. 물이라는 것을 다른 말로 하면 넓은 현실세계의 여러 가지 체험이다. 관념은 과감히 극대화시켜도 좋다. 그러나 그 관념을 현실에 대응시키는 노력을 하지 않으면 관념만이 혼자 걸어가는, 머리만 있고 몸뚱이가 없는 이상한 인간이 될지도 모른다.

50을 넘으면 현실적인 것과 현실적이 아닌 것에 대한 구별을 대체적으로 할 수 있게 된다. 혹은 우회해서 미리 만들어버리기도 한다. 이 말은 인간이 현실적이 된다는 것인데, 다른 말로 하면 체념이 앞장을 선다는 말이기도 하다.

이런 나이에 이르면 꿈을 꾼다는 것은 거의 불가능하게 된다. 머리로 생각한 일이 아무리 멋진 일이라도 금방 돌아서서 '바보, 바보, 멍청하게 이런 생각을 하다니!' 하고 없었던 일로 지워버리고 만다. 그러나 과거나 미래의 관념이 구체화된 장면에 부딪친 적이 없는 젊은이의 경우는 관념이 점점 비대화해져서 꿈이라거나 악몽이라는 모양으로 혼자 걸어가기 시작한다.

부정적으로 말하면 미래에 대한 꿈은 환상, 과거에 대한 꿈은 환멸이라는·것이다. 다만 우리들 대부분은 과거를 환멸보다도 미화하고 있기는 하지만. 그것은 나이든 사람뿐이 아니라, 과거보다도 미래의 가능성이 많이 남아 있는 젊은이들도 그런 것 같다.

사람은 그 미화된 과거와 자신이 연계되어 있다는 것으로 위로를 받는다. 꿈의 가치이다. 그러나 엄밀히 말해서 과거를 미화한다는 것은 현실에 대하여 환멸을 느끼는 결과라고도 할 수 있지 않을까.

젊은이들이 미래만을 보며 살아가고 있다는 말은 거짓말이다. 과거를 미화하는 일도 하고 있다. "지금의 초등학생들은 무엇을 생각하고 있는지 모르겠어."라고 15살 먹은 고등학생조차도 말하고 있으니까.

우리들은 10살 때 이렇지 않았다고 어두운 말을 하고 있는 것이다. 즉 지금의 10세 어린이보다도 멋졌다고 말하고 싶은 것이다. 실제로는 거의 바뀌지 않았지만 이미 과거가 된 것을 미화하여 그런 말을 아무렇지 않게 할 수 있는 것이다.

그러나 대부분의 젊은이들은 과거를 뒤돌아보기보다는, 보다 많은 미래를 향해서 '무엇을 하면 좋을까' 하고 생각한다. 장래의 꿈을 갖고 있다는 이야기이다. 장래는 아무래도 좋다고 생각하거나 말하고 있는 사람도 있다. 그것은 단순히 '장래의 준비를 지금 여기서 할 필요는 없다, 필요가 생기면 그때 하면 된다.'라고 생각하고 있는 것에 지나지 않는다. 지금 노력하는 것이 싫다는 간접적인 표현에 지나지 않는 것이다.

그런 사람이라도 할 필요가 오면 싫어하면서도 해야 할 일에 손을 대지 않으면 안 된다. 지나간 일은 책임을 피할 수 있을지 몰라도 미래는 빠르거나 늦거나 어김없이 찾아오는 법이므로.

Miracles 3   인생은 시나리오대로 실현된다.

여러분들은 꿈속으로 들어가고 싶다고 생각하는가? 꿈속으로 들어간다는 말은 꿈을 실현시킨다는 것이 아니라, 과거나 미래에 대해서 우리들이 생각하며 그리고 있는 일들을 자기 나름대로 써본다는 것이다. 즉 이야기로 만들어보는 일이다. 예를 들면, 자기 집은 부잣집이 아닌데, 내가 부잣집 아이로 태어났다고 하는 가정 하에서 어린 시절 이야기를 쓴다면 그것은 실현될 수가 없는 이야기이다. 그것은 글자그대로 진짜 몽상이다.

그러나 인생이란 정말 재미있는 것이어서, 미래를 향해서 이야기를 계속 써 가면 그것이 완벽한 모양은 아닐지 모르지만, 어쨌든 크든 작든 자기가 써온 이야기가 그대로 실현된다는 사실이다. 제1부에서 누누이 이야기했지만 이것은 상당히 무서운 이야기이다.

나는 젊을 때 그리던 일들이 지금 거의 실현되어 있다. 물론 그 꿈을 현실로 하기 위해서는 그저 단순히 꿈속에 들어가서 몽상하고 있는 것만이 아니라 나름대로 그 실현을 위해서 노력해 온 것도 사실이다. 내가 지금 말하는 것은 스스로 생각하고 있기만 해도 저절로 그렇게 된다고 말하려는 것은 아니다. 어떤 일은 바라지 않고도 우연히 만들어지는 결과도 있기는 하다. 그러나 자기가 빈틈없이 생각을 하고, 그것을 실현하기 위한 수단까지 생각하고, 그것을 위해서 상당한 정도의 노력을 했는데 그렇게 하고도 전혀 결과가 없었다는 일은 거의 없다고 말하고 싶은 것이다. 다시 말해서 스스로 생각을 그려놓고 그 꿈을 계속 간직한 채 그 방향으로 노력해 가면 실현된다고 말하고 싶은 것이다.

세상에는 장님 문고리 잡는 식으로 생각지도 않은 행운이 찾아오는 일도 있지만 그런 행운은 아주 희박한 것이다. 그런 행운을 기다릴 것이 아니라 우선 자기가 먼저 꿈을 생각으로 그려놓고, 그 꿈속으로 들어감으로써, 꿈 이야기의 실현을 향해 걸어가는 것이다.

나는 꿈을 꾼다, 이야기를 써본다고 앞에서 말을 하였지만, 사실 여러분들은 자기 힘이 어느 정도인지 막연하게 알고 있을 것이다. 막상 자기 설계도를 작성할 때 자기 역량을 값싸게 견적할 것인지, 아니면 비싸게 할 것인지가 문제될 것이다. 그러나 그것은 별것이 아니다. 자기 역량을 높게 견적하더라도 대단한 것은 아니다.

자기 스스로 자기 역량을 아무리 높게 견적하더라도 전혀 현실의 자신과 맞지 않는다면, 마치 보잘 것 없는 복서가 마이크 타이슨에게 이긴다고 큰소리치는 것과 똑같으니까. 반대로 사람들은 자기를 낮게 평가하는 경향이 있으므로 오히려 보잘것없는 쪽으로 견적하는 사람이 많을 것이다. 높게 평가하든, 낮게 평가하든 관계없이 사람은 자기가 지금 지니고 있을 것이라고 생각하는 능력을 부풀려서, 지금보다도 나은 인생을 실현시키겠다는 희망을 약간은 가지려고 한다. 누구나 앞으로 지금보다도 생활이 어렵게 된다거나 초라해진다고 생각하는 사람은 없을 테니까.

자기가 앞으로 되려는 인생의 줄거리나, 그런 인물이 되기 위한 역량이나, 그 일을 실현하기 위한 시간 등을 현재의 자기 힘과 비교하여 얼마나 노력을 더하면 좋을까, 얼마나 시간이 걸릴까 하는 견적을 세워 보라는 것이다. 즉 자기가 현재 바라고 있는 것을 실현하기 위한 설계도를 만들라는 것이다.

예를 들어, 현재 내 나이가 20살이고 대학교에 다니고 있고, 앞으로 나는 작가가 되겠다는 꿈을 가지고 있다고 한다면, 독서는 어느 정도할 것이며, 습작은 얼마나 할 것이며, 문단에 등단하는 길은 어떻게 만들

것이며, 몇 살에 등단하여 작가가 되겠다는 등의 구체적인 인생 설계도
를 작성하라는 것이다.

그런 설계도를 작성할 때는 지금의 자기 힘을 지나치게 비하해서 낮
게 견적할 것이 아니라 약간 높게 견적하는 것이 필요하다. 지나치게
낮게 견적하면 실현이 불가능하게 생각되어서 기력이 위축되어 버릴
것이 뻔하기 때문이다. 약간 자만해도 좋다. 자만이야말로 꿈을 실현하
는 원동력이 되는 것이다. 이것이 자신을 주인공으로 하는, 꿈을 꾼다거
나 이야기를 쓴다는 의미이고, 자신이 가장 하고 싶은 일을 발견할 수
있는 중요한 요소 중의 하나인 것이다.

기회는 온갖 노력의 최상의 선장이다. – 소포클레스 (B.C.496~406)

고대 그리스의 3대 비극 작가 중 한 사람이다. 현재 남아 있는 그의 작품은 7
개. 이 말은 그의 작품 중 하나인 〈에레크트라〉에 나온다. 폭풍우가 휘몰아치는
바다 한 가운데서 우왕좌왕하는 배에서는 안전한 방향을 찾아내는 선장의 힘
에 의해서 생사가 갈린다. 당신이 그 배의 선장이라고 생각하라.

성공의 모델을 찾아라.

 | ## 작은 꿈의 실현도 보람이 있다.

꿈을 꾸는 데는 보통 모델이 필요하다. 꿈을 꾼다는 것은, 예를 들어 소설을 쓰기 원하는 사람이라면 톨스토이 같은 소설을 쓰고 싶다거나 톨스토이처럼 되고 싶다는 것이다. 내가 톨스토이의 창작력을 갖고 있다는 것처럼. 이때 모델은 톨스토이가 된다.

이처럼 자기가 하고 싶은 것을 모델에게 의탁하는 것이다. 소위 이상이고 바람이지만 그런 꿈이 없으면 인간은 새로운 것을 생각할 수가 없다. 자기 가능성을 열 수가 없어진다. 그러나 그것은 어디까지나 꿈에 지나지 않는다. 그림 속의 떡이다. 아무리 내가 톨스토이가 되기를 꿈꾸더라도 톨스토이가 될 수는 없는 것이다.

그렇더라도 꿈을 갖고 꿈의 일부라도 실현하려고 노력하면 톨스토이는 되지 못하더라도 톨스토이처럼 소설가가 될 수는 있다. 그러므로 꿈을 향해서 모델처럼 실현해 보려고 노력하는 것이 필요한 것이다.

모델처럼 되고 싶다는 변신바람이 없으면 꿈은 꿈으로 끝나버린다. 그러나 현실의 내가 실현할 수 있는 것은 꿈의 일부에 지나지 않는다. 그렇다고 해도 괜찮다. 모델 그 자체가 되지 않더라도 모델을 향해서 나아감으로써 꿈을 조금이라도 현실화해갈 수가 있기 때문이다.

여러분이 부모를 떠난 것이 몇 살 정도일까? 책을 읽는다는 것은 의식적으로 그렇게 하는 것은 아니지만, 지금 현재 있는 여러분의 세계에서 빠져나오기 위한 수단이다. 그리고 현실의 눈앞에 있는 가까운 모델에서 관념적인 모델로 옮아가는 수단이기도 하다.

나는 아버지나 어머니, 혹은 가족의 자력권(磁力圈)에서 빠져나오기 위하여 소설을 읽었다. 정확히 말하면 픽션(창작소설)을 읽기 시작하면서 가족이라는 울타리로부터 다른 세계로 몸을 옮겨가기 시작했다.

학교의 선생한테서 떠나기 위하여 역시 책을 읽었다. 이 때는 반은 의식적이었다. '이런 선생님들한테 배우고 있는 것은 성이 차지 않는다. 도움이 되지 않는다.'는 기분이 있었기 때문이다. 조금 더 자세히 말한다면 내가 태어난 폐쇄적인 시골세계와는 다른 이질적인 세계를 동경해서 '아동세계백과'를 훑어본 경험이 있다. 세계각지의 지세나 기후, 각 국가들의 세력, 특산물이 팍팍 머리에 들어오던 시대였다. 그때부터 내가 살고 있는 이 시골이 모두가 아니고 더 큰 다른 세계가 있다고 꿈꾸면서 점차 가족의 자력권에서 벗어나기 시작했던 것이다.

책이란 '언어'로 되어 있다. 관념의 소산이다. 소설이라는 것은 존재하지 않는 일을 쓴 것이다. 그러나 존재하는 것이다. 존재하지 않는 것을 썼는데도 현재 존재하기 때문에 소설이라는 것이 매력이 있는 것이다.

관념으로 만들어져 있는데도 리얼(real=현실적)하다는 것은 현실에 살고 있는 우리들의 일상세계와는 다른 세계의 일이다. 음란소설을 읽고 있는 여성이 현재 매춘부라거나, 불륜소설을 읽고 있는 사람이 불륜을 하고 싶어서 안달이 난 사람이라면 그 사람이 이상한 것이다. 읽고 있는 사람은 아주 보통 사람이다.

사람이 소설을 읽는다는 것은 자기가 경험한 일이 아닌 세계가 거기에 있기 때문이다. 자기의 일상생활 속에는 존재하지 않는 일을 가상체험(假想體驗)하고 있는 것이다. 불륜소설을 읽었으므로 불륜을 저지른다는 것은 '가상'과 '현실'을 혼동하고 있는 단순 사고자이거나 망상에 걸려 있는 사람임에 틀림없다.

더욱 적극적으로 말한다면 책을 읽는다는 것은 책 속에서 자기 삶의 방식의 하나인 모델을 찾고 싶기 때문이다. 내가 톨스토이를 처음 읽은 것은 중학생 때였다. 처음에는 상당히 재미없다고 느꼈다. 그러나 읽다보니 재미가 있어서 손에서 책을 떼어놓지 못한 기억이 지금도 생생하다.

그런데 계속 읽어나가는 동안에 나의 현실세계와 전혀 다른 세계임에도 불구하고 그 세계와 통하는 길이 있는 것처럼 느껴져 왔다. 그것은 기나긴 거리는 있었지만 똑같은 인간으로 똑같은 고뇌가 거기에 있고, 표현의 방법은 다르더라도 통하고 있는 세계였다.

책읽기나 꿈속에서 모델을 찾는 것은 같은 일이다.

현재는 공부를 잘하던, 잘하지 않던 대학에 갈 수 있는 시대가 되었다. 대학에 가는 것이 조금도 행운이 아니다. 당연한 일이다. 하는 수 없이 간다는 사람도 있을 정도이다.

1980년대 이전, 대학에서 공부할 수 있는 그 자체가 행운이던 시절이 있었다. 특권이라는 말까지 있었다. 한 동네에 대학생이 한두 명에 지나지 않았다. 그래서 대학을 다니는 학생들은 동네에서 자랑꺼리였고, 학생 자신은 그만큼 선망의 대상이 되기도 했다. 그러므로 그 당시 대학생들은 자기에게 부과된 주변의 기대와 구속력에 약간은 따르지 않으면 안 된다는 느낌이 있었다. 과장해서 말하면 가족이나 동네 사람들에게 따른다는 의식이 강했던 것이다.

그러나 지금은 그런 외적 구속력이 없다. 공부를 하던, 공부를 하지 않던 자유이므로 배움이라는 구속력이 자기만의 힘에 의한 것이 되었다. 그런데 사람은 자기 힘으로 자기를 구속한다는 것을 상당히 힘들어하는 생물이다. 그렇기 때문에 요즘 젊은이들은 그만큼 자기 책임이 큰 시대가 되었다고 할 수 있을 것이다.

지금은 수많은 책이 흘러넘치는 시대이다. 책의 홍수시대라고 할 수 있다. 교보문고 같은 대형매장에 가면 하루에도 수십 권씩 새 책이 쏟아져 나온다. 경제, 경영이나 학습서, 요리나 여행을 위한 실용서 등 수많은 책들이 헤아릴 수 없이 넘치고 있다. 그러므로 '강제력'이 없다면 책을 읽는 사람은 오히려 훨씬 적어질 것이다. 예를 들면 빅톨 유고의 <레 미제라블>을 읽어보면 엄청나게 재미있다는 것을 알 수 있다. 그러나 저렇게 두꺼운 책을 어째서 읽지 않으면 안 될까 하고 생각하게 될 것이다.

문제는 읽을 계기이다. 그 책은 읽기 시작하면 끝나는 것이 섭섭해서 견딜 수 없어진다. 톨스토이의 <부활>도 그렇다. 마지막 장에 다가갈수록 끝나지 말았으면 하고 기도하는 마음까지 생긴다. 처음에는 분명히 지루하다. <레 미제라블>도 절반 정도는 프랑스혁명이야기이기 때문이다. 그러다가 쟝발쟝이 나오면 박수를 치고 싶어질 정도가 된다.

나는 비교적 책읽기를 좋아하기 때문인지는 모르지만 나에게 촉감이 좋은 저자를 금방 알아낸다. 자기가 좋아하는 작가에 대해서는 받아들여서 모델로 삼을 태세를 갖추고 있는 탓인지도 모른다. 책을 읽는다는 작업과 꿈을 꾼다는 것은 그 속에 자기 모델로 할 수 있을 것 같은 대상을 찾는다는 점에서 비슷하다고 말할 수 있다. 분명히 자기 속에서 기시감(旣視感)에 가까운 것을 찾을 수가 있다.

인생이란 신비한 것이다.

| Miracles 1 | 아무리 짧은 인생도 완전한 것이다. |

가장 좋아하는 일은 모두 자기 속에 있다는 것이 이 장의 테마이다. 그러나 여러분들은 '나는 경험도 거의 없고 지금까지 짧은 인생밖에 살지 않았으므로 이제부터 여러 가지를 배우지 않으면 내가 하고 싶은 것을 찾을 수 없을 거야.' 하고 생각할 것이다.

여러분들도 물론 대학에 들어와서 공부를 하고, 여행을 하고, 여러 친구들과 사귀고, 울고 웃었다고 하여 자기가 좋아하는 것이 보인다고 생각하지는 않을 것이다. 그렇다. 그런 일로는 절대로 보이지 않는다고 생각한다. 그렇지만 지금 당장 여러분의 인생이 여기서 끝나더라도 다른 사람이 보면 그 속에 분명히 여러분의 '완결' 된 모습이 들어 있다. 본인이 보면 '완결' 된 것이라고 생각하지 않겠지만.

이것이 신비스러운 일이다. 20대에 요절한 사람이라 할지라도 그 사람에게 인생의 기승전결(起承轉結)이 있다. '있다' 기보다는 다른 사람이 그 사람의 인생 속에서 '발견' 할 수 있다는 말이 올바른 표현일 것이다.

누구라도 인생의 끝이라는 의식은 강렬한 것이다. 얼마 전 어느 대학에서 학생들에게 '당신의 유언장을 써보십시오.' 라는 과제를 주었다는 뉴스를 본 적이 있다. 예를 들어 인스턴트 식품처럼 여러분과 똑같은 것이 지금 여러 개가 있다면 괜찮지만 자기 인생이 이것으로 끝이라고 생각해 보라.

여러분이 20세이고, 지금 당장 여러분의 인생이 끝났다고 하더라도 그것으로 여러분 나름의 완결된 인생이다. 그렇게 말할 수 있는 것은 지금까지 살아온 여러분의 과거 속에 현재의 자기를 만들어낸 원형(原型)이 많이 있기 때문이다.

여러분이 지금까지 보아온 여러 가지 꿈, 천박했느냐 현명했느냐에 관계없이 여러 가지로 경험해 온 것을 멋지게 주위 올려 하나하나 조각조각을 맞춰보면, '현재' 를 비추는 것 같은 커다란 거울이 나타나는 것이다. 현재라는 지점에서 냉정히 바라보면 그것을 알게 된다.

20세가 되었다면 누구든지 자기 과거를 한번쯤은 되돌아볼 필요가 있다. 그런데도 대부분의 사람들은 그렇게 하지 않는다. '나는 아직 젊

'으니까' 라는 단순한 이유 때문이다. '내 과거에는 아직 아무것도 채워진 것이 없어.' 라고 단순히 생각하고 있는 것이다.

Miracles 2 | 현재의 나는 과거의 분신이다.

'과거' 를 들여다보아야 한다고 하니까, '지금까지 살아온 인생' (과거)을 토대로 하여 앞으로 살아가야 할 생애를 크게 발전시켜야 한다고 지레짐작하는 것은 아닐까? 내가 말하고 있는 것은 없어졌으면 좋겠다고 생각하는 '과거' 라도 상관없다는 것이다. 차라리 없었으면 하는 과거, 잊어버렸으면 좋을 과거들도 자기가 직접 과거를 들여다봄으로써 없앨 수 있는 것이다.

20세가 되었다면 20세의 감각으로 자기 과거를 짜 맞춰보는 것이다. 그렇게 해서 뽑아낸 것은 20세의 감각으로 취사선택한 것이므로 결코 단순한 과거의 것이 아니다. 현재의 자기 속에서 살고 있는 것이다. 20세의 자기 속에 계속 살고 있는 과거의 자기를 발견한다고 생각하는 편이 좋을 것이다.

20세의 나는 극단적으로 말하면 과거의 발견에 의해서 생긴 것 이외에는 존재하지 않을 것이다. 사물에 대한 사고방식은 설혹 과거를 생각하더라도 현재의 지점에서 생각하는 것이므로 '현재의 기억' 에 의지할 수밖에 없는 것이다. 그러므로 현재의 자기가 과거 속에서 볼 수 있는 것만 보이는 법이다. 문제가 되는 것은 현재의 자기 사고의 힘이다.

역사소설은 역사를 극단적으로 데포르메(deformer-극단적으로 변형하는 기법)하는 전기소설과는 다르지만, 그렇다하더라도 역사를 그대로 써서는 소설이 되지 않는다. 픽션을 쓴 것이다. 쓰고 있는 것은 '현재의 기억'이다. 역사소설뿐만이 아니다. 학술적인 역사서도, 아무리 충실하게 과거의 역사를 주워 올렸다고 하더라도 '주워 올린 것'은 현재 살고 있는 역사가의 '눈'이다. 역사서란 '씌어진 것'이다. 인간의 손으로 만들어진 픽션일 따름이다.

영국의 사상가 죤 스튜어트 밀이라는 〈자유론〉을 쓴 유명한 사람이 있다. 그 사람이 쓴 자서전이 있다. 성공한 자기를 이루고 있는 조각들을 주워 올린 것이 아니라 자기의 젊은 시절에 파괴되었던 모습들을 떠올리면서 하나하나 쌓아놓았다. 아버지가 자기에게 한 교육방법, 아버지와의 갈등, 유부녀를 사랑하게 된 이야기 등등…. 다시 말해서 스러져간 자기 잔해들이야말로 진정한 의미에서 '자기'라는 이유 때문이다. 프로이트(오스트리아의 심리학자, 정신분석학의 창시자) 식으로 말하면 〈무의식 속에 남겨진 자기야말로 자기의 '원형'이다〉라는 것이 된다. 픽션이야말로 과거를 리얼하게 재현할 수 있는 처절한 작업인 것이다.

프로이트는 말한다. 빙산은 우리 눈에 보이는 것은 작은 얼음덩어리에 지나지 않지만 바다 밑에는 엄청나게 큰 얼음덩어리가 있어서 타이타닉호 같은 거대한 배도 부딪치면 침몰하고 만다. 의식의 세계를 바다 위에 떠있는 우리 눈에 보이는 작은 얼음덩어리로 생각한다면 무의식의 세계는 바다 밑에 있는 엄청나게 큰 얼음덩어리이다. 그러므로 20년 동안 살아오며 스러져간 자기 잔해늘이 과거라는 무의식 속에 자리 잡고 있다고 생각할 수 있는 것이다.

자기가 하고 싶은 것은 그 인생이 아무리 짧더라도 20세라면 20세의 인생에 채워져 있다. 나는 이렇게 되고 싶다고 생각한 모델을 기억 속에서 찾아 올려 자기 눈앞에 보이게 할 필요가 있다. 미래를 꿈꾸기보다도 자기 과거를 찾는 쪽이 훨씬 자기를 발견하는 가까운 길이라는 것을 말하고 싶다.

그 속에 모든 것이 있다는 것은 아니다. 그러나 적어도 지금까지 자기가 경험해온 '자기'를 묶어서 현재 수중에 갖고 있는 자기로 만들어낸 것이다. 접촉이 있고, 기시감이 있는 자기이다. 그리고 그곳에서 미래의 자기가 출발한다고 생각하는 편이 좋은 것이다.

25세로 인생이 끝나면 상당히 슬프겠지만 그때까지 수중에 가진 양만큼이 그 사람의 인생이다. 죽어 가는 본인은 자기 인생을 발견할 수 없더라도 주변 사람들은 발견할 수 있다. 예술은 길고 인생은 짧다고 말하고 있지만 예술이란 발견된 인생의 일이다.

예를 들면, 우리 주변에는 천재이지만 요절한 많은 분들이 있다. 인생을 짧게 살다 가신 분들이다. 이상이라는 천재 시인이 있다. 1910년에 태어나서 1937년에 죽었으니까 27, 8년밖에 살지 못했다. 그러나 그는 그 나름대로 완결도가 높은 인생을 살다 갔다고 생각한다.

그는 처음에는 미술 쪽에 관심이 많았다고 한다. 그는 '풍경'이라는 유화로 학교 다닐 때 이미 전람회에서 우등상을 받기고 하고 1931년에는 '자화상'이라는 유화를 당시 선전(鮮展-지금의 국전)에 출품하여 입선도 했다. 그리고 그는 경성고등공업학교 건축과를 나와 건축기사로 지냈다.

그는 선전에 입선한 그 해부터 시를 발표하기 시작하여 시인이 되었다. 이상이 남긴 것은 단편 아홉 편, 수필 약 스무 편, 그리고 아흔아홉 편의 시가 전부이지만 이상에 대한 인생은 그것으로 완결되어 있는 것이 아닐까?

유관순, 윤봉길 등 애국지사들은 모두 자기의 삶을 다 살지 못하고 젊은 나이로 죽었다. 그렇지만 그 사람들은 모두 그 사람 나름대로 인생이 완결되어 있다.

Miracles 3 되고 싶은 것을 써서 벽에 붙여라.

재미있게도 '이런 사람이 멋지다.'거나 '이런 사람을 만나고 싶다.'거나 '이런 사람이 되고 싶다.' 등으로 생각하며 그려온 사람의 얼굴형은 실제로 만나보아도 기분이 좋다고 느끼게 된다. 앞에서 말한 대로 기시감이다.

이런 기시감이라는 것은 제각각 개인에 따라서 다른 것이 아니라 민족에 공통하는 것이다. 기시감이라는 것은 오랫동안 한국인의 피(공동의 무의식)가 되어서 흘러온 것이다. 기시감이 민족공통의 전습(傳習)이라는 것은 약간 허풍일 지도 모른다. 그러나 한국 민족이 좋아하는 사람과 자기가 좋아하는 사람이 똑같다고 하는 발견이 있다면 놀랍지 않을까?

심술꾸러기 같은 사람은 모든 사람이 싫다고 말하겠지만, 정말로 싫다면 살아갈 수 없는 것이다. 실은 우리와 같은 내용도 있기 때문에 살아갈 수 있는 것이다. 아무리 달리 보여도 대부분 똑같은 생활방식, 사고방식을 갖고 있으니까 안심하고 지낼 수 있는 것이다. 서로 다른 것은 조금뿐이다. 그 약간 다른 부분이 개성(個性)이다. 그리고 그런 개성을 지니고 있는 것이 개인(個人)이다. 이 세상 사람은 모두가 각각 다른 개성을 갖고 있다. 그 개성은 똑같은 것이 하나도 없다. 그러므로 이 세상 사람들은 모두가 각각 다른 것이다. 그렇게 특수한 것이 인간이다.

한국인은 특히 아주 닮아 있다. 조그만 일이라도 보통 사람과 다르게 하려면 상당한 용기가 필요한 것이다. 현재 사회나 다른 사람에 대해서 꽤 무관심하게 행동하는 것처럼 보이는 사람일지라도 자세히 보면 그것도 아주 일부분이다.

'나는 이렇게 되고 싶다.' 라는 생각을 한번 스스로 종이에 써서 벽에다 붙이고 바라보면 좋을 것이다. 제1부에서 이야기한 것처럼 그렇게 하면 여러분의 인생을 바꾸는, 여러분이 바라는 기시감대로 인생은 기적을 일으키게 되는 것이다.

3부 기적의 실현을 위해 갖춰야 할 것들

Miracles

대화의 기술

Miracles 1 　즉답하는 기술

　지금까지 우리는 커다란 두 가지 주제를 가지고 생각해 왔다. 첫째는 자기를 발견하는 일이 제일 재미있다는 것과 두 번째는 자기가 하고 싶어 하는 일은 모두 자기 속에 있다는 주제였다. 즉 자기 내면을 들여다보면 자기가 제일 좋아하는 일, 자기가 제일 하고 싶어 하는 일을 찾을 수 있다는 명제였다. 그리고 이제부터는 자기가 가장 좋아하는 일을 어떻게 하면 실현할 수 있는가 하는 방법에 대해서 생각해보려고 한다.

　사람들은 행운이 우연히 찾아온다고 믿고 있다. 그러나 노력을 한 사람이 반드시 성공에 이른다는 것을 보면 그렇게 단순한 이야기가 아니라는 것을 알 수 있다. 성공은 단순한 행운의 선물이 아니다. 전혀 아무런 준비가 없다면 행운도 스쳐 지나가 버리고 만다. 앞에서 말한 대로 기적이 일어나는 행운도 준비가 있어야 한다.

자기가 좋아하는 일을 막연한 형태이든, 확실한 형태이든 어느 정도 준비하고 있지 않으면 행운은 우연히 찾아오지 않는다. 바꿔 말하면 행운을 초청하는 데는 그 나름의 준비와 그 나름의 기술이 있어야 한다는 말이다.

지금부터 나는 (1)대화의 기술, (2)쓰는 기술, (3)읽는 기술, (4)연출하는 기술 등 4가지에 대해서 이야기해 보려고 한다. 이것이 여러분의 인생에 기적을 가져다줄 행운의 준비물들이기 때문이다. 이것을 미리 준비하고 있으면 어느 틈엔가 행운이 여러분을 찾아와 기적을 만들어 줄 것이라고 믿는다.

그림, 먼저 대화의 기술부터 알아보자. 젊은 사람은 어느 시대, 어떤 장소를 막론하고 말하는 것이 괴롭다고 생각하고 있다. 요즘 젊은이는 말하는 것이 서툴고 말도 엉망이라고 말하는 사람들이 있는데 그것은 어느 시대나 똑같이 말해왔다. 즉 젊은 사람이니까 말하는 방법이 서툴다는 식으로 생각해도 틀림이 없다. 물론 예외는 있지만 말하는 것이 괴롭다는 것은 어느 시대, 어떤 장소에서든 젊은이들의 공통된 성격이라고 말해도 좋을 것이다.

젊은이가 아니라도 그렇지만, 대개 젊은이는 자기가 '이것이다'라는 테마가 있으면 말을 잘못하는 사람이라도 상대에게 통하도록 말할 수 있는 것이다. 즉 말하고 싶은 것이 있다면 그것이 상대에게 통하는 것이다. 이것이 말하는 기술보다도 더욱 중요한 것일지도 모른다.

아무리 말하는 기술이 좋더라도, 아무리 아름다운 말로 표현하더라도, 아무리 아름다운 매너로 그것을 표현할 수 있더라도, 전하고 싶은 내용이 없다면 상대에게 통하지 않기 때문이다.

그렇다고 해서 말을 아무렇게나 해도 좋다는 뜻은 아니다. 친구나 가족 같은 작은 서클에서 진심으로 마음이 통하는 상대와 친하기 위한 것이라면 특별한 기술이 필요 없을 것이다. 그러나 많은 사람에게 빨리 통하게 하기 위해서는 말하는 기술이 필요하다. 기술이라고 해서 특별히 어려운 것이 아니라 누구라도 습득할 수 있는 것이 아니면 안 된다.

누구라도 습득할 수 있는 기술조차도 지니지 않은 채 자기를 표현하려고 생각하면 상당히 어렵게 된다. 특히 젊은이들은 말하는 것이 괴롭다는 의식을 갖고 있는데, 말하는 간단한 기술을 갖고 있지 않으면 아무래도 말을 잘할 수 없게 된다. 그렇게 되면 자기가 하고 싶은 것을 표현하지 못해서 왕따를 당하는 결과가 되기도 한다. 그래서 다음에 멋지게 말할 수 있는 다섯 가지 법칙을 선택해 보았다. 무엇보다도 중요한 것은 연습이다. 그러기 위해서 실제연습을 해보자.

말하는 기술의 제일법칙은 즉답(卽쯤)하는 기술이다. 즉답하는 기술이란 묻는 말에 즉각적으로 대답하는 기술을 말한다. 말하는 것은 라디오나 텔레비전도 그렇지만 공간으로 보내는 것이다. 깊이 생각해서 말하는 사람도 있지만 우선은 템포가 중요한 것이다. 듣는 사람의 느낌이 돋보이도록 응답해야 한다. 상대가 물어왔을 때 즉석에서 대응해야 이야기가 탄력적이 된다. 연극에서 즉흥으로 응답하는 것을 애드리브라고 하지만 그런 고등기술은 아니더라도 서비스정신이 왕성하다면 자연히 템포가 좋아진다.

특히 주의해야 할 것은 젊은 사람에게 뭔가를 물었을 때, 곧장 그 자리에서 '모르겠습니다.'라고 대답하는 것이다. 그것을 우선 그만두라는 것이다. 만일 정말로 모른다면 무엇이 어째서 모르는지를 정확하게 대답하라고 권하고 싶다. 더욱이 자신이 아는 범위에서 응답하라고 하고 싶다. 예를 들면 틀려도 좋은지, 내용이 소박한지, 전혀 제멋대로의 의견인지, 그런 경우도 포함해서 즉답해 보는 것이다.

(가) 정보 수집

즉답하기 위해서는 최소한도의 준비가 필요하다. 그 준비의 제일보는 정보수집이다. 만나서 이야기하는 상대나 말하는 내용을 전혀 조사하지 않고 대화한다는 것은 서비스부족이다.

(나) 넓은 그물망

즉각 반응하기 위해서 넓게 그물망을 펼쳐두는 것이 필요하다. 이것은 일조일석에 될 수는 없다. 젊은 사람들은 가망 없는 이야기일지도 모른다. 그러나 중요한 것은 점점 쌓아가는 것이다. 티끌도 모이면 태산이 되는 법이다.

(다) 몸에 지닌다

이것은 가장 중요한 일인데 '좋아하는 것을 몸에 갖춘다.' 라는 것이다. 지적 호기심이 필요한 분야일 필요는 없다. 예를 들면 최신의 히트 챠트를 상세히 알고 있어도 좋다. 자기가 제일 자신 있는 분야를 하나 가지고 있다는 것은 즉답할 수 있는 분야를 가지고 있다는 일로 이야기에 자신이 생긴다.

(라) 정치의 움직임에 관심을 갖는다

특별히 정치에 대해서 이야기할 수 없더라도 좋다. 특히 최근에는 정치에 대해서는 어른들도 관심이 희박해져 있다. 아마, 신문을 보면 뭔가 그다지 재미있는 것이 보이지 않기 때문일 것이다. 그러나 정치는 인간이 살아가는 가장 광범위하고 귀찮은 분야와 관계가 있다. 그러므로 피한다고 할 수 있을 것이다.

정치음치라도 괜찮다. 그러나 설혹 정치가의 스캔들이나 권력의 심부와 관련한 사건을 안다는 것은 우리들이 살아가고 있는 사회의 실상을 가장 생생하게 비추는 거울이라고 생각해야 한다. 정치가의 손이 더럽혀져 있다면 우리들의 손도 오염에서 벗어날 수 없다고 생각해야 한다.

즉 정치문제는 논의의 직접적인 대상이라기 보다는 오히려 인간사회의 가장 넓은 부분을 덮고 있고, 가장 깊은 부분과 관계가 있는 것이므로 개인과 사회전체에 대한 호기심에 모두 연결되어 있는 것이다.

정치는 컴퓨터게임이라고 생각할 수도 있고, 복수극이라고도, 이해투쟁이라고도, 스캔들전쟁이라고도 할 수 있으며, 명예욕, 지배욕 등 인간의 온갖 욕망이 살아있는 시장이라고도 볼 수 있다. 인간의 모든 유형이 등장한다. 정치를 제재로 인간과 사회의 드라마를 배울 수가 있다. 등장인물을 기억하는 것도 의외로 재미있을 것이다.

Miracles 2 　말을 잘 듣는 기술

멋지게 이야기할 수 있는 두 번째 법칙은 상대방의 말을 듣는 기술이다.

대화라는 것은 상대가 있다. 그러므로 상대가 무엇을 생각하고 있는지를 재빨리 읽어서 이해하고 그것에 반응하는 것이 중요하다. 이 경우에 가장 중요한 것은 상대가 말하고 있는 것을 조각조각 붙잡는 능력이 아니다. 상대가 말하고 싶어 하는 내용의 핵심을 붙잡는 능력이다.

제일 재미없는 것은 이것저것 중두난발 식으로 이야기하거나 시간에 기초해서 일어난 일을 전부 이야기하지 않으면 상대가 통하지 않는, 혹은 상대가 전부 이야기해주지 않으면 나는 이해할 수 없다고 생각하는 것이다. 상대가 지금 이야기하려고 하는 것이 무엇인지, 그 핵심은 무엇인지를 재빨리 잡아내 그 이상으로 상대가 말하고 있는 맥락을 찾아내는 것이다. 바꿔 말하면 지금 상대가 무엇을 생각하고 있는지를 재빨리 읽어내는 자세가 필요하다는 것이다.

 결론부터 말해야 한다.

세 번째 법칙은 우선 표현하고 싶은 중심을 말한다는 것이다.

자기가 말하는 경우에는 먼저 의견이나 결론을 말하는 것이 중요하다. '나는 이렇게 생각하고 있다, 이것이 말하고 싶다' 라는 핵심을 제일 먼저 말하는 것이다. 반대로 제일 피해야 할 것은 내 마음을 읽어달라고 하는 식으로 여러 가지 상황만을 설명하고 핵심은 언제까지나 말하지 않는 경우이다. 그러나 상대가 알아주기를 바란다면, 반드시 핵심을 말하지 않으면 제일 중요한 문제에는 도달할 수 없는 것이다.

먼저 핵심을 말하자. 돈을 빌리고 싶을 때에도 그렇다. 여러 가지 상황을 설명하고 이런 괴로운 일이 있는데 이제 해결할 수 없다든지 하는 식으로 멀리 돌려서 이야기하는 것이 아니라 먼저 돈을 빌리고 싶다고 말하는 것이 중요하다. 그리고 그것은 어떤 이유 때문인지, 어떤 형태로 갚을 것인지를 말한다.

Miracles 4 **추상어를 사용하지 않는다.**

네 번째 법칙은 대화에서 애매한 추상어를 사용하지 않는다는 것이다. 이것은 혹은 제일 중요한 것일지도 모른다. 예를 들면, 음식점에서 시끌벅적 이야기하는 경우, 뜻밖에도 간단히 이성이라거나 지성이라거나 감성이라는 말을 사용해 버린다.

물론 이성이라는 것은 인간으로서 누구라도 갖고 있는 힘이라는 식으로 말할 수가 있다. 그러나 대개는 이야기하는 사람이 확실하게 알고 사용하는 것은 아니다. 감성도 마찬가지이다. 감성이라는 것은 뭔가 막연하기 때문에 제6감처럼 생각하고 있는 사람이 많다. 지성도 지식이 많이 있는 것이 아닐까 하는 문제로 연계하고 있다.

요컨대 그런 추상어를 사용해서 토론을 하거나 이야기하면 상대에게 통하지 않는다고 생각해야 한다. 만일 그것으로 안 것처럼 이야기가 통하는 분위기가 되었다고 한다면 위태롭다고 생각해도 괜찮다.

그러나 세상에는 여러 가지 사람이 있기 때문에 정말로 짧게 말해도 알아듣는 사람이 있는가 하면, 논문을 쓰듯이 이론 정연하더라도 알아듣지 못하는 사람, 혹은 알려고도 하지 않는 사람도 있다.

알아듣지 못하는 사람에게 말하는 경우는 숟가락을 던져버리고 싶은 충동도 일어난다. 아니 숟가락을 던지는 편이 좋을지도 모른다. 그러나 말하는 쪽으로서는 그런 상대를 이해시킬 수 없더라도 적어도 상대를 놀라게 한다는 그런 느낌이 중요하다.

상대가 '아니! 저 친구가' 라고 생각하게 만든다, '굉장하구나.' 라고 생각하게 만든다, 이 녀석이 말하는 것을 알아들을 수는 없어서 인정하고 싶지는 않지만 '아, 상당하다' 라고 수긍시킨다는 것이다. 그것은 말하는 기술 중에서도 고등기술에 속하는 것이라고 해도 좋다. 상대가 '아니!' 라고 생각하거나 '멋지다' 고 생각할 때는 내 말을 듣고서 이득을 얻었거나 자극을 받았을 때라고 생각해도 좋을 것이다.

그러나 설령 놀라운 이야기라고 하더라도 혼자서 떠들거나 기뻐하는 것뿐이라면 상대는 조금도 자극을 받지 않는다. 내가 아는 어떤 사람은 '식사할 때 최소한도 하나 정도는 유머를 말한다.'고 정해놓은 친구도 있다. 유머라는 것도 상대를 '앗!' 하고 놀라게 만드는 것이다. 하지만 우리나라 사람들한테는 유머라는 것이 그렇게 간단한 것이 아니다. 성실을 미덕으로 하는 전통이 뿌리박혀 있기 때문에 말하는 것도 듣는 것도 길들여지지 않았기 때문이다.

유머를 말하지 못하더라도 듣는 사람을 '앗!' 하게 만드는 화제를 미리 준비해두라고 권하고 싶다. 물론 화제는 항상 바꾸어야 한다. 그렇기 위해서라도 책을 읽는 것이 필수이다. 잡학(雜學)의 필요성이 여기에 있는 것이다.

만일 기회가 찾아오지 않았다면 스스로 좋은 기회를 만들어라.

− 사무엘 스마일즈 (1812~1904)

기회가 도망치지 않도록 항상 준비하는 것도 중요하지만 가능한 한 기회를 만들려고 노력하는 것이 필요하다. 예를 들어 작가로서 재능이 있더라도 스스로 습작하고 난 뒤 발표하지 않으면 사람들에게 인정받을 수 없는 것이 아닌가? 스마일즈의 〈자조론〉에 나오는 말이다.

글 쓰는 기술

 글을 쓰지 않으면 중요한 일을 할 수 없다.

그러면 이번에는 글 쓰는 기술에 대해서 이야기해보자. 읽거나 말하는 것은 몰라도 글쓰기는 죽기보다 싫다고 말하는 사람들이 많다. 그러나 요즘의 젊은이들은, 사실은 역사상 가장 글 쓰는 기술이 높지 않을까 하고 혼자서 생각하곤 한다. 어떤 세대보다도, 어느 시대의 사람들보다도 지금의 젊은이들은 글 쓰는 기술을 상당히 갖고 있다. 그러므로 그것을 이용해서 상대를 설득하거나 혹은 자기를 표현하지 않으면 안된다.

어째서 지금의 젊은이들이 사상최고의 글 쓰는 기술을 갖게 되었을까? 우선 첫째로 사회의 변화를 들 수 있다. 현재는 한 사람 한 사람 누구나 자기 의견을 갖고 자유롭게 발표할 수 있는 시대가 되었다는 것이다. 지금은 어린이이든, 어른이든, 노인이든, 누구라도 자기가 말하고 싶은 것을 자유롭게 말할 수 있다. 정치적으로나, 문화적으로나, 인간관계에서나, 가족관계에서나 언론의 자유가 보장되어 있다. 민주제 사회가 되었다는 이야기이다. 그리고 조금 한정해서 생각해보면 대학시험에 논술고사가 당락에 크게 좌우하게 되었다거나, 사회에 나와서도 온갖 기획서나 보고서를 쓰지 않으면 안 되는, 다시 말해서 글 쓰는 기회가 점점 증가한 탓이 아닌가하고 생각한다.

지금은 글을 쓰는 시대이다. 예전에는 기획서나 보고서를 쓰는 것은 화이트컬러라고 해서 사무실 요원들만 했다. 그러나 지금은 글을 못 쓰면 살아남을 수 없는 세상이 되었다. 날로 새로워지는 정보를 스스로 배우거나, 혹은 스스로 기술을 연마하려고 하면 문장을 읽지 않으면 안 되고, 읽은 내용을 보고하지 않으면 안 되는 세상이다. 글을 쓰지 않으면 안 되고 기획도 직접 세우지 않으면 안 된다. 즉 작은 논문을 쓰는 능력이 중학, 고교뿐만 아니라 대학이나 취직하고 나서도 계속 요구되는 시대가 된 것이다. 쓰지 않으면 중요한 일을 할 수 없는 시대가 찾아온 것이다.

또 하나는 컴퓨터의 출현이다. 소논문이나 논술시험 이상으로 문장을 쓰는 기술을 결정적으로 높여준 원인 중 하나가 컴퓨터이다. 컴퓨터로 우리들이 쓰고 싶은 것은 무엇이든지 쓰고, 또 활자체로 인쇄할 수 있는 시대가 되자 사람들의 쓰는 능력이 단번에 상승했다.

예전에는 붓과 먹이 없으면 글을 쓸 수 없었다. 연필의 시대가 되자 누구라도 종이만 있으면 쓰게 되었다. 그 뒤 만년필, 볼펜이라는 여러 가지 필기용구가 나와서 누구라도 어디서나 자유롭게 쓸 수 있게 되었다. 그러나 컴퓨터는 그런 것과는 차원이 전혀 다른 능력을 갖고 있다. 가볍게 쓰거나 고치는 것도 간단히 할 수 있다. 또 머리로 생각한 것을 손의 스피드가 쫓아가도록 되어 있다.

필기용구를 사용하지 않으면 안 된다고 말하는 사람들도 있지만 아무래도 머리의 스피드를 손이 쫓아갈 수 없다. 그렇기 때문에 쓰고 있는 동안에 생각하고 있는 것을 잊어버리는 일이 많다. 그러므로 컴퓨터를 사용하지 않는 사람은 문장력, 신속, 정확, 대량으로 쓰는 능력이 일단 떨어진다고 볼 수 있다. 모두들 그렇게 생각할 것이다.

그리고 이것도 컴퓨터와 관련된 이야기인데 전자메일의 위력이다. 그동안 우리들은 편지를 써왔다. 편지는 사신(私信)이다. 이메일도 사신이지만 전파를 타고 전달되기 때문에 반은 공개문이다. 사람은 공개되면 깨끗이 하려는 태도를 취하게 된다.

친구들과 이야기하는 것과 부모나 학교 속에서 선생님과 이야기하는 것이 다르고, 회사에 들어가면 상사와 혹은 동료와 대화를 하는 것에 상당한 차이가 있다. 마음가짐이 다르기 때문이다.

공적이라는 것이 문장을 깨끗이 쓰려고 하는 동기를 만들어준 것이다. 상사에게 깨끗하게 전하자. 모르는 상대에게 멋지게 전하고 싶다.

이런 것이 쓰는 기술을 높이는데 연계되어 있다. 메일은 공개문에 가까우므로 스스로 마음가짐이 달라진 것이다.

더구나 메일은 워드로 쓴다. 보내는 것도 보내온 것도 자유로 수정 가공할 수 있다. 메일을 교환하면서 문장력이 연마된다. 물론 편지도 가능하지만 메일이 훨씬 숙달 속도가 빠르다는 것을 알 수 있다.

Miracles 2 | 글이 말보다 더 직설적이다.

또 하나 알아두기를 바라는 것은 쓰는 쪽이 말하는 것보다 훨씬 직설적이라는 것이다. 여러분은 말하는 것이 직설적이라고 느낄지도 모르겠지만 그렇지가 않다. 연애편지를 받는 것과 전화로 좋다고 말하는 것은 충격력이 전혀 다르다. '좋아요.' 라는 것은 단 세 글자에 지나지 않지만 말하는 것과 쓰는 것은 천양지차가 된다.

약간 이상한 이야기가 될지 모르지만 쓴다는 것은 증거가 된다. 덕분에 이상하게 기억에 남는 것이다. 나는 암기해야 할 일이 있을 경우, 그저 책을 읽고 그것을 머릿속에 채워 넣는 것이 아니라 일단 써서 기억하려고 하고 있다. 여러분도 그렇지 않을까? 영어의 스펠을 기억할 때나 한자를 기억할 때도 그렇다. 그저 머리로 문자를 좇아가는 것이 아니라 '실제로 써본다. 정확히 써본다.' 사람은 그렇게 해서 기억에 남기는 것이다.

새겨 넣고 써넣는 것이다. 그것이 바로 인류유산인 동굴벽화나 조각

상들이다. 문자로 쓴다거나 또는 문장으로 쓴다는 것은 멋진 내용을 상대에게 전하는 것뿐만 아니라 그것을 증거로 남기는 역할도 담당하고 있다. 더욱이 기억 속에 철저히 남기는 능력을 갖고 있다. 그러므로 쓴다는 것이 상당히 강렬하게 상대에게 전해지는 것이다.

(가) 글쓰기 법칙

ⓐ 키워드가 없는 문장은 문장이 아니다.

첫 번째 법칙은 키워드(key word)나 키프레이즈(key phrase)를 반드시 찾아야 한다는 것이다. 문장의 중심에, 혹은 말하고 싶은 것의 중심에 '이것이다.' '이 명제이다.' 라는 것이 반드시 있어야 한다. 이런 말은 귀가 따갑게 들어왔을 것이다. 그러나 한 번 더 들어야 한다. 왜냐하면 이것이 글 쓰는데 가장 기본이기 때문이다.

키워드나 키프레이즈가 없는 문장은 문장 같지만 문장이 아니다. 보통 젊은이들은 미사여구를 잔뜩 늘어놓은 문장을 쓰기 좋아한다. 사랑이 어떻고, 진리가 어떻고, 인생이 어떻고 하는 글이다. 그러나 잘 들여다보면 기본적인 문장구성이 되어 있지 않아서 무슨 말을 하려고 하는 것인지 통 알 수가 없다. 다시 말해서 키워드나 키프레이즈가 드러나지 않는 문장은 전혀 이해할 수 없다고 말해도 될 것이다.

그렇기 때문에 키워드가 보잘것없으면 문장도 보잘것없어진다. 또 키워드가 적합하지 않으면 전하고 싶은 것이 거꾸로 되어버리는 일도 있다. 예를 들면 '한국은 모방국이다.' 라는 테마의 키워드를 '한국은 원숭이를 닮았다.'로 하거나, '한국은 고도기술 개혁을 위해서 모방을 한다.'라고 잡는다면 문장의 역점을 놓는 곳도, 전개도 모두 달라진다. 한국에 대한 전체 이미지도 전혀 정반대가 된다. 이처럼 키워드나 키프레이즈는 문장의 중심이나 문장의 전개에 가장 중요한 요소가 되는 것입니다.

ⓑ 모든 문장은 3단으로 되어 있다.

두 번째 법칙은 3단으로 쓴다는 것이다. 이것은 문자 그대로 말하고 싶은 것을 셋으로 나누어서 쓰는 것을 말한다. 그 하나하나는 당연히 다른 표현내용을 갖고 있어야 한다. 키워드가 3개인 경우, 혹은 중심의 키워드가 하나이고 그것을 보조하는 키워드가 2개인 경우처럼 형태의 차이는 있을 수 있지만 어쨌든 3단이다.

그러면 왜 셋으로 나누어 쓸까? 여기에는 여러 가지 이유가 있다. 먼저 역사적인 이유로, 언제나 멋진 문장을 써온 사람은 대부분이 3단으로 써왔다는 사실이다. 이 말은 좀 독선적이고 이유가 되지 않는다고 생각하는 사람들도 있겠지만, 문장이라는 것은 어차피 역사적 형성물(形成物)이기 때문에 역사규범(매너)을 갖고 있는 3단으로 쓰는 것이 매너에 적합한 역사법칙이라고 이해하기를 바란다.

물론 논리적 이유도 분명히 있다. '자신이 말하고 싶은 것을 먼저 말한다.' '그러나 자신이 말하고 싶은 것에 대한 여러 가지 반론이 있으니까 그것에 대한 반대론을 쓴다.' '그런데 반대론보다도 자신이 말하고 있는 쪽이 더 바르다, 반대론을 더욱 반박해서 자신이 전하고 싶은 내용에 더욱 두터움이 있는 논거로 만든다.' 이것이 3단으로 나누는 이유이다. 또한 이것을 '정(正), 반(反), 합(合)'이라고도 하며, 소크라테스, 플라톤 이래의 논리전개인 변증법과 똑같다.

소크라테스의 대화 방법은 플라톤의 책을 읽어보면 잘 알 수 있듯이 우선 말하고 싶은 자기의 정론을 전개하고, 다음에 상대에게 반론을 말하고, 그리고 마지막으로 그 반론을 논파(論破)해서 정론으로 논리를 옮겨 논적(論敵)을 쓰러뜨리는 방법이다. 이렇게 말하니까 아주 어려워 보이지만 그렇게 어렵게 생각할 필요는 없다. '정, 반, 합'은 소위 우리가 잘 알고 있는' 기(起), 승(承), 전(轉), 결(結)'을 말한다. 멋진 문장을 쓰는 사람은 의식하든, 의식하지 않든 간에 변증법적으로 쓰고 있다. 다시 말하면 기, 승, 전, 결로 쓰고 있는 것이다.

그렇다고 꼭 정, 반, 합에 구애받을 필요는 없다. 먼저 말하고 싶은 것을 말한다. 또 하나 말하고 싶은 것을 말한다. 그리고 더 더욱 말하고 싶은 것을 또 하나 말한다. 이렇게 써도 된다. 어쨌든 모든 문장을 3개의 장면(Scene)으로 나누는 것이다. 그러나 이것도 잘못하면 항목으로 나눈 채 밑도 끝도 없이 끝날 위험도 있다. 다시 말하면 시작도 끝도 없는 상태로 둔다는 느낌을 줄 수도 있다는 뜻이다.

ⓒ 3단으로 쓰면 문장이 아름다워진다.

세 번째는 미적 이유이다. 문장도 아름다운 것을 초월할 수는 없다.

매듭이 없이 계속되는 것은 추하다. 마디를 나누어서 단락을 만들면 자연히 아름답게 된다. 구두점이 없는 문장을 읽으라고 한다면 여러분도 어려움을 느낄 것이다. 마찬가지이다. 물론 아름답지도 않다.

더구나 삼각형은 다변형의 기본이다. 그리고 어떤 다각형도 삼각형으로 분해가 가능하다. 좀더 넓게 보면, 삼각형의 기본인 3점만 있으면 모든 사물이 터를 잡는다. 책상도 서 있으려면 최소한 다리가 셋이 있어야 한다. 두 다리만 있다면 쓰러진다. 마찬가지로 아름다운 에세이들도 잘 읽어보면 모두 3단으로 나뉘어 있는 것을 알 수 있다. 마무리가 너무나도 아름답다.

그러나 중요한 것은 왜 3단이냐의 이유가 아니다. 3단이라는 정형(定型)으로 문장을 쓰는 습관을 몸에 지녀야 한다는 것이다. 형(型-스타일)이라는 말만 들어가면 어렵다는 사람이 있는데 마음가짐을 달리해야 한다. 형이 정해져 있으면 오히려 쓰기 쉬운 것이다. 그리고 3단으로 글을 자유자재로 쓸 수 있게 되면 어떤 형태로든 쓸 수 있는 것이다.

ⓓ 키프레이즈의 글자수는 40자 이내가 좋다.

네 번째 법칙은 1부분을 200자로 쓴다는 것이다. 200자라고 하면 상당히 길게 느껴질지도 모르지만 말로 하면 대체로 20초에서 30초 정도가 된다. 그래서 신입사원 면접 등에서 대체로 20초에 하나의 일을 말하시오 하는 식의 질문이 나오는 것이다. 원고용지 한 장의 분량이다. 1부분이 200자이니까 하나의 글이 완성되려면 600자가 필요하다. 600

자 전후의 길이가 하나의 일을 기술하는 길이로서 아주 좋은 것이다.

나는 앞에서 키워드나 키프레이즈를 먼저 제시하라고 설명했다. 실은 1부분은 짧으면 짧을수록 좋다. 200자라는 것은 긴 것 같지만 실제로 써보면 상당히 짧은 것이다. 그 짧음 속에 말하고 싶은 것을 정확히 집어넣는 훈련을 쌓아야 한다.

ⓔ 작문, 감상문은 금물

다섯 번째 법칙은 작문, 감상문은 금물이라는 것이다. 앞의 이야기와 관련이 되는 것인데, 200자 속에 요점을 정리하는 것이므로 '나는 이런 식으로 생각하고 있다.'거나 '어제 누가 이렇게 말했는데 나는 이런 식으로 생각하고 있다.'라는 식으로 쓴다면 이미 그것만으로도 글자수가 꽉 차 버린다.

면접이나 사물에 대한 글을 쓰는 경우도 모두 같다. '나'라는 것은 이런 인간이라고 설명하고 있다면 이미 그것만으로도 200자가 되어 버리고 만다. 단도직입적으로 말하고 싶은 것을 쓰려면 키워드나 키프레이즈를 이용해야 한다. 그 키워드나 키프레이즈를 확장하는 모양으로 200자 이내로 정리하면 이상하게 벗어나지 않는다.

문장은 짧으면 짧을수록 좋다는 식으로 생각하라. 따라서 감상문처럼 '나도 그렇게 생각한다.'거나 작문처럼 '어제는 날씨가 좋았다.' 같은 정경을 쓰는 것은 엄금이다. 결혼식에서 주저리주저리 말하는 것과 똑같은 것이다.

사실은 감상문이나 작문이라도 단순히 감상을 쓰는 것이 아니라 자기 의견이라는 모양을 앞에 내놓아야 하는 것이다. 그러나 대개는 모두가, 혹은 TV가 그렇게 말하고 있으니까 나도 그렇게 생각한다는 식이다. 이것은 안 된다. 나는 이렇게 생각한다. 왜냐하면 이유는 이렇다 고 분명하게 말하지 않으면 안 된다.

ⓕ 단문은 장문의 생명이다.

여섯 번째 법칙은 단문(短文)은 장문(長文)의 생명이다. 지금까지는 짧은 문장을 쓰는 것에 대해서 설명해 왔다. 그러면 긴 문장은 어떨까? 긴 문장도 실은 짧은 문장을 쌓아놓은 것이다. 문장은 벽돌쌓기와 똑같다고 생각해야 한다. 전체의 구상이 있고, 전체의 커다란 흐름이 있고, 그런 흐름을 크게 잡아서 쓸 수 있는 곳까지 써간다는 사람이 있다. 그러나 그렇게 해서 훌륭한 장문을 쓸 수 있는 사람은 어느 정도 숙달된 사람이라면 몰라도 보통사람은 도중에서 숨이 끊어져 버리거나 전혀 엉뚱한 방향으로 흘러가 버린다.

젊은이들을 포함해서 현재의 사람들이 쓰는 힘이 상당히 크게 늘어난 것은 단문을 쓰는 힘이 높아졌기 때문이다. 짧은 문장을 쓸 수 있다면 긴 문장은 어렵게 생각할 필요가 없다. 그 내용을 결정하는 키워드, 키프레이즈를 쌓아놓고 전체의 조감도(목차)를 만들면 아무리 긴 문장도 쓸 수 있는 것이다.

책을 읽는 기술

 표현을 단련하는 길은 독서밖에 없다.

다음은 읽는 것에 대해서 알아보자. 앞에서 지금은 쓰는 기술이 상당히 높아진 시대라고 말했다. 사실은 읽는 기술도 높아져 있다. 높아진 이유는 확실하다. 현재는 18세 이상의 인구 절반이 대학을 간다(전문학교를 포함해서). 대학에 가면 적어도 어떤 사람이라도 논문이나 저술을 읽는다. 그러므로 일정 정도의 읽는 기술은 몸에 지니게 되는 것이다.

우리들의 아버지나 어머니의 시대, 내지 우리들의 시대는 거의 대부분이 대학에 갈 수 없었으므로 두툼한 양장본의 책이나 연구논문 등을 읽는 사람이 드물었다. 일생동안 보지 못하는 사람도 있었다. 어려운 연구논문만이 아니라 보통의 서점에서 팔고 있는 두터운 책을 한 권도 손에 잡아보지 않고 죽어 가는 사람도 대부분이었다.

지금의 젊은이들이 책을 읽지 않는다고 이구동성으로 말하고 있지만, 사실은 상당히 많이 읽고 있는 것이다. 본인이 읽고 싶지 않아도 교수가 쓴 책 등을 참고도서로서 읽지 않으면 안 된다. 그러니까 자연히 책을 읽는 것에 길들여져서 처음부터 도망치거나 절대로 읽지 않을 염려는 없다.

여기에서 강조하고 싶은 것은, 자기를 표현하는 기술의 기본은 읽은 것으로 단련할 수밖에 없다는 것이다. 쓰는 기술이나 말하는 기술도 실은 얼마만큼 활자를 읽었느냐 하는 경험이나 실적에 따른다. 활자의 경험은 영상이나 소리 등의 경험으로 바꿔놓을 수가 없는 것이다. 아무리 영상이나 소리를 통해서 감명을 받았다하더라도 그것은 일과성(一過性)에 지나지 않는다. 금방 흘러가 버리고 만다. 그러나 활자를 통해서 얻은 지식은 우리들 머리에서 떠나지를 않는다. 평생을 함께 하는 일도 있다.

Miracles 2   책으로 경험 세계를 넓힐 수 있다.

우리들이 경험한 '경험의 세계' 라는 것은 상당히 좁다. 그 좁은 세계의 일밖에 모른다면 자기를 표현하는 기술도 한정되어 버린다. 더구나 상대방과 공통성이 없는 경험이라면 그 경험을 토대로 해서 서로 간에 이해를 맞추기는 더욱 어렵고 상대방을 설득하기도 어렵다. 그러나 인간에게 공통하는 세계가 있다고 한다면 그 길은 책밖에 없다는 것을 알아야 한다. 모든 사람들이 서로 이해하고 통할 수 있는 길은 책밖에 없다는 뜻이다.

이제부터 여러분 스스로 나가고 싶은 방향, 이런 사람이 되고 싶다, 이런 일을 하고 싶다는 미지의 세계에 접촉하거나, 그것을 알려고 생각한다면 책을 통할 수밖에 없다.

여러분이 무엇을 알고 싶을 때는 선생님이나 인생 선배한테 물어서 알 수 있다. 그러나 선생님이 답을 모를 때는 책을 통할 수밖에 없다. 책은 만인의 스승인 것이다.

나는 책 중에서도 소설을 읽는 것은 미지의 세계를 알 수 있는데 가치가 있다고 생각한다. 소설이라는 양식은 정치나, 경제나, 문화나, 인간의 감정이나, 연애나, 욕망이나, 어떤 것이라도 표현할 수 있다. 어쨌든, 소설은 세계에 있는 온갖 경험이라는 것을 문자를 통해서 표현할 수 있는 매체인 것을 알 수 있다.

이와 같은 의미에서 소설을 읽지 않는 사람이라는 것은 미지의 세계나, 자신이 바라고 있는 손에 잡을 수 없는 세계에 대해서 전혀 관심을 가질 수 없는 사람이라는 뜻도 된다. 소설을 읽고 싶다는 기분은 '자신이 이렇게 되고 싶다.'거나 '이렇게 하고 싶다.'라는 것과 상당히 밀접하게 관계가 있는 것이다. 소설을 읽지 않는 사람은 단적으로 말해서 창조력이나 상상력이 적은 사람이라고 말할 수 있다.

그러면 어떤 책을 읽으면 좋을까? 매일, 매월, 매년 수많은 책이 출판되고 있고, 그리고 대부분은 매일매일 서점의 점두에서 사라져서 대부분 폐기된다. 그와 같은 책 중에서 어떤 책을 읽으면 좋을까는 상당히 어려운 문제라는 것을 먼저 알아야 한다.

인생도 그렇지만 자기가 어떤 인간이 되고 싶은지, 어떤 일을 하고 싶은지는 직접 어느 정도 스스로 해 보지 않으면 알 수 없는 것이다. 책도 그렇다. 어느 정도 여러 가지 책을 읽어보지 않으면 어떤 책이 좋은지, 알 수 없다. 배우는 일도, 어느 정도 배워보지 않으면 배우는 의미를 알 수 없고 배우는 즐거움도 알 수 없다.

처음부터 만인에게 통용되는 책, 그것도 재미있는 책이라는 것은 명확하게 준비되어 있는 것이 아니다. 이 문제는 독서를 처음으로 하는 사람에게나, 혹은 이제부터 책을 읽으려고 하는 사람들에게는 한계밖에 있다고 생각해야 한다.

ⓐ 책사는 기술

읽는 기술의 첫 번째 법칙은 사는 기술이다. 먼저 대형서점에 들어가서 첫 번째로 눈에 들어온 책을 사는 것이다. 즉각 눈에 띄는 책을 손에 들고 페이지를 넘겨본다. 눈에 닿았다는 것은 상당히 중요한 것이다. 여러 가지 눈길을 끄는 방법이 있지만 예를 들면 나에게는 이런 경험이 있다.

대학생 시절이었을 것이다. 언젠가 종로서적에 들렀던 적이 있다. 포켓북들을 보던 중 눈에 확 띄는 책이 있었다. 존 스튜어트 밀이 쓴 <On liberty−자유론>이라는 책이었다. 당시는 상당히 암울했던 시절이라 그 책이 눈에 띄었는지도 모른다.

나는 얼른 그 책을 사들고 집으로 돌아왔다. 돌아오자마자 그 책을 읽기 시작했는데 밤이 새는 줄 모르고 읽었다. 그리고 그 사상이 나의 젊은 날 학문을 연구하는데 커다란 밑거름이 되었던 기억이 있다. 같은 또래의 친구들과의 대화 속에서도 자유론의 사상을 마치 내 사상이나 되는 양 치기를 부리며 떠들던 생각이 난다. 좋은 책을 만난 기쁨에 한 달 이상을 흥분에 싸였던 기억이 지금도 생생하다.

ⓑ 직접 사서 곁에 놓고 보아라.

두 번째 법칙은 책은 자기 돈으로 사야 한다는 것이다. 도서관에서 빌리거나, 친구에게 빌리거나, 선생님에게 빌리는 등 책을 구하는 방법도 여러 가지가 있을 것이다. 그러나 책은 스스로 사지 않으면 안 된다. 돈이 없다고 말할지 모르지만 그것은 이유가 되지 않는다.

아르바이트를 하던, 친척에게 돈을 얻던 책은 반드시 사야 한다고 말하고 싶다. 왜냐하면, 그렇지 않으면 절대로 책을 즐기거나 활용할 수가 없기 때문이나. 이것은 제3의 법칙과도 관계가 있지만 한 권의 책에는 방대한 정보가 들어 있지 않기 때문이다.

책에는 여러 가지 용도가 있다. 장식을 위한 것, 일을 위한 것, 오락, 취미 등 여러 가지 인생을 간접 경험하는 대체물 등등 용도가 다양하다. 그러나 이 책이 의지할 수 있는 정보원의 구실을 다하지 못한다는 데 있다. 한 권의 책이 지식으로 가득 차 있거나 다양한 정보가 가득 차 있는 예는 드물다.

그러므로 옳다고 생각하는 곳은 밑줄을 긋는다거나, 부전지를 붙여 둔다거나, 그 항목을 접어둔다거나 해서 언제라도 재이용할 수 있는 상태로 해둘 필요가 있다는 것이다. 그럴 경우 남한테 빌려온 책이라면 그렇게 할 수 없다. 따라서 책은 자기용으로 직접 사서 자기 가까이 놓아두지 않으면 안 된다.

ⓒ 키워드나 키프레이즈를 뽑아내라.

세 번째 법칙은 키워드나 키프레이즈를 뽑아내는 것이다. 두 번째 법칙의 계속 같지만 책을 통해서, 그것을 하나의 경험으로서 자기 속에 정착시키기 위해서는 몇 번이나 참조하거나 그것을 사용해서 뭔가 일을 할 필요가 있다. 그런 것이 가능하게 되는 것은 자기 책뿐이다. 도서관의 책에 도장을 찍거나 접어두거나 해서는 안 된다. 친구들의 책도 안 된다.

이것은 좋은 책이구나 하는 책은 반드시 자기와 가까운 위치에 놓아두지 않으면 안 된다. 그렇게 하면 재미있는 곳을 반드시 참조할 기회가 찾아온다. 그러므로 '사용할 수 있다.'고 생각한 항목을 접어두거나 키프레이즈 부분에 빨간 선을 그어 놓으면 참조를 간단히 할 수 있다.

그러나 너무나 많은 프레이즈를 뽑아내면 오히려 그 책의 핵심부분을 잃어버리게 된다. 보통 한 권의 정보량은 3명제로 축약할 수 있다. 책에 따라서 다르지만 핵심 부분에 표시를 해놓는 기술도 습득해야 한다.

책을 스스로 산 것은 자기 돈으로 산 것이니까 신중히 읽는다거나, 자기 것이니까 중요하게 여긴다는 의미뿐만 아니라 다시 이용하기 위하여 절대로 필요한 것이다. 읽기가 끝난 책도 계속 살아 있다는 것이다. 이용되기를 기다리고 있으니까.

Miracles 4 분야별로 사숙하는 저자를 가져라.

여러분은 혹시 '사숙(私淑)'이라는 말을 들어본 적이 있는가? 아마 처음 들어보는 분이 대부분이 아닐까 생각한다. 국어사전을 찾아보면 '직접 가르침은 받지 않았으나 스스로 그 사람의 덕을 흠모하고 본받아서 학문이나 도를 닦는 것'을 일컫는 말이라고 뜻풀이가 나와 있다. 이 말 한마디만 알아도 이 책을 읽은 본전은 뽑은 것이나 다름없다.

네 번째 법칙은 바로 이런 '사숙' 하는 저자를 갖는다는 것이다. 좋아하는 저자는 책을 많이 읽지 않으면 알 수 없겠지만, 자신에게 꼭 맞는 사람이나 자신의 스승이 될 만한 사람을 찾으면 반드시 찾을 수가 있다. 정치문제라면 이 사람에게 들어보고 싶다. 경제문제라면 이 사람에게, 연애문제라면 이 사람이 잘 해결해 줄 것이다처럼 여러 가지 분야에서 사숙할 수 있는 사람을 갖는 것은 아주 중요하다.

나는 지금까지 오랫동안 독서력이 있으니까 30명 정도 사숙하는 분들을 가지고 있다. 특별한 것이 아니라 그 사람의 저서는 모두 산다고 결정하고 있다. 그 속에는 젊은 저자도 있다. 이 사람은 이런 문제를 어떤 식으로 생각하고 있을까. 그렇게 생각하면서 10,000원 정도의 책을 사서 2, 3시간 읽어버리면 핵심을 금방 알 수 있다. 물론 전화로 직접 들을 필요도 없다. 강연회에 나가서 만날 필요도 없다. 시간도 절약되고 또 필요한 것만 얻으니까 일석 10조 정도가 되는 셈이다.

책을 읽는 것이 꽤 시간이 걸리고 고통 받는 경우도 있기는 하지만, 사고생리(思考生理)가 닮은 사람의 책이라면 아무리 바쁘더라도 변소에 몇 번 가는 사이에 읽어버리게 된다. 이런 사람의 책을 읽으면서 선을 긋고 자기 생각을 책갈피마다 적고 나서 책꽂이에 올려둔다. 그렇게 하면 안심이 된다. 지적 담보물 같은 것이다.

독서는 단순히 지식의 재료를 공급할 뿐이고 이것을 자기 것으로 하는 것은 사색의 힘이다. - 존 로크 (1632-1704)

모든 인식은 감각과 경험에서 생긴다고 주장한 경험론 철학자인 그의 사고는 간혹 경험지상주의자라고 오해를 받고 있다. 그러나 거기에는 '언제나 경험이나 감각을 사색한다.' 라는 전제가 있다. 독서에 대해서도 마찬가지로 읽기만 하면 곧 이해할 수 있는 것은 아니라고 말한다. 영국의 정치가 에드먼드 버크는 '독서를 하고 생각하지 않는 것은 식사를 하고나서 소화하지 않는 것과 같다' 고 말하고 있다.

연기(演技)의 기술

 서비스정신을 우아하게 연기할 수 있어야 한다.

다음으로 생각해봐야 할 문제가 연기(演技)이다. 지금의 젊은이들은 연기를 아주 잘한다. 텔레비전에도 자주 나오고, 또 여러 가지 이벤트 장소에서도 아주 잘한다. 대학에서의 발표도 잘 한다. 그러나 눈에 띄기는 하지만 스스로 나가서 무엇인가를 하려고 하는 기분은 그다지 없는 것 같다.

자기에게만 집착하고 다른 사람이나 사회나 세계에 무관심한 사람은 다른 사람도 무관심으로 응대하게 되어 있는 것이 세상의 법칙이다. '아무래도 좋다' 라는 태도를 취하면 아무래도 좋다는 태도가 돌아

온다. 다른 사람에게 어떤 식으로 표현하면 좋을까하고 노력하지 않는
사람, 혹은 그런 기분이 없는 사람은 다른 사람한테서 냉대를 받는 것
이다.

나에게 말을 걸어오면 그때 나도 말한다. 이런 방법은 최악의 수준이
다. ‘내가 표현해서 세계를 움직인다. 내 표현으로 상대를 감동시킨다.’
이런 기분이 중요하다. 연기한다는 것, 그 중에서 제일 중요한 것은 자
기 자신의 ‘인생’ 을 스트레이트로 연기하는 힘을 갖는 것이다.

여기서 자기 인생이라는 것은 현실의 인생뿐만 아니라 자기가 생각
하고, 그리고 있는 가공의 인생, 희망의 인생도 들어 있다. 연기하는 무
대가 더욱 넓게 준비되어 있는 것은 말할 것도 없이 ‘미래’ 이다. ‘이런
내가 되고 싶다, 이런 것을 하고 싶다’ 라는 ‘꿈’ 을 실현하기 위한 파워
야말로 연기력을 연마하는 원천이다.

‘모두들 하고 있으니까 나도 한다.’ 거나, ‘당신이 요구하고 있으니까
반응이 올 때까지만 한다.’ 거나, ‘면접이니까 할 수 없이 한다.’ 처럼 장
면에 맞춘, 다시 말해서 수동적인 연기를 하고 있으면 연기는 조금도
늘지 않는다. 더욱 안 되는 것은 모두가 하니까 나도 한다는 두려움이
없는 식의 퍼포먼스이다.

연기 기술의 첫 번째 법칙은 서비스 정신을 우아하게 연기할 수 있는
힘을 지녀야 한다는 것이다. 오늘날은 ‘주변을 즐겁게 만든다. 파티를,
수업을, 사업장을, 혹은 좀더 일반적으로 세상을 즐겁게 만들겠다.’ 는
서비스 정신은 찾기가 힘든 세상이 되었다. 누구나 자기가 사랑하기보

다 먼저 사랑을 구하고 있다. 그런 의미에서 '구애(求愛)의 시대'라고 할 수 있다. 이래서는 안 된다. 상대가 재미있는 이야기를 해주는 것을 즐기고만 있어서는 안 된다. 재미있는 이야기를 듣고 싶다면 먼저 자기가 재미있는 이야기를 하는 것이 중요하다.

어떤 사람은 '누구나 식탁에 앉을 때마다 반드시 조크를 한 마디씩 해야 한다. 조크가 없는 사람은 식탁에 부르지도 마라.'고 했다지만 식탁에서 아무 말도 없이 그저 빈 접시만 갖고 음식 나오기만 기다리고 있다면, 먹이만을 기다리고 있는 개나 고양이 등 가축과 다를 게 없을 것이다. 더욱이나 가축은 먹이를 주는 주인에게 중요한 존재이지만 음식이 나오기만을 접시를 앞에 놓고 그저 기다리고 있을 뿐인 인간은 '먹어준다'는 식의 은혜스러움 밖에 없는 것이다.

파티 같은 장소에 가서도 술만 마시면서 다른 사람과 어울리지 못하는 사람이 있는데, 이런 사람일수록 연기기술은 전혀 생각지 않고 남을 헐뜯기 좋아한다.

이런 태도로는 연기 기술이 몸에 붙지 않는다. 서비스정신이 없는 사람은 다른 사람으로부터 서비스를 받을 수 없다고 생각해도 틀림이 없다. 자기가 먼저 상대를 즐겁게 해주겠다는 정신이 없으면 상대로부터 즐거움을 받을 수 없고 또한 상대로부터 도움이 될만한 정보도 얻을 수 없다. 그뿐만이 아니라 나중에는 그 누구도 상대조차 해주지 않을지도 모른다. 그러므로 언제나 서비스 정신을 연기할 수 있는 힘을 지녀야 하는 것이다.

 상대에게 이해받고 싶으면 먼저 이해하라.

두 번째 법칙은, 누구나 상대로부터, 또는 세계로부터 이해 받지 못하고 있다고 생각하지 말라는 것이다. 그렇게 생각하는 것이 제일 나쁘다. '내가 어떤 식으로 하든 어차피 사람들은 나를 이해해주지 않는다. 사회는 나를 받아들이지 않는다. 어른들이 나를 알아주지 않는다. 나이든 사람들은 어째서 젊은이들의 마음을 모를까.' 이렇게 생각하고 있다면 그 순간 여러분은 반드시 어린아이의 감상주의 속에 살고 있다고 생각해야 한다.

물론 여러분을 이해해주지 않는 사람도 있고, 학교나 사회는 종종 여러분에 대해서 무관심한 것이 사실이다. 그렇다고 해서 자기가 이해 받지 못하고 있다고 생각하는 사람은 어차피 그 사람 자신에게 책임이 있고, 그 사람 자신이 사회나 상대를 이해할 기분이 거의 없는 경우가 대부분이다.

그런 사람은 다른 사람을 이해한다고 하는 귀찮은 일을 할 필요가 없다고 생각하고 있는 것은 아닐까? 이해가 하늘에서 뚝 떨어진다고 생각하는 것은 가장 낮은 사고방식이다. 상대에게 이해 받고 싶다면 먼저 상대를 이해하자. 인간을 이해하자, 그리고 이 사회의 일, 세계를 이해하자라고 생각하고 실천하는 것이 중요하다.

다른 사람에게 호의를 받고 그냥 지나치는 사람은 없는 것이다. 내가 먼저 상대에게 호의를 베풀도록 노력하자.

 매너는 사회에서 스스로 익혀야 한다.

세 번째 법칙은 매너와 스타일이다. 자기 마음만 깨끗하면 그만이지 남들이 말하는 것이 무슨 상관이냐고 생각하는 사람들이 의외로 많다. 아부하는 것은 좋지 않다, 연기하는 것도 좋지 않다, 상대에 대한 접근 방식은 아무러면 어떠냐 내 마음이 중요하지 라고.

그러나 사실은 그렇지 않다. 사회에는 제각각 비슷비슷한 매너와 스타일이 있다. 물론 그것은 일정한 것이 아니라 때와 장소, 나라나 지역에 따라서 변한다. 그때그때 상대를 적당히 기분 좋게 하거나, 사회에서 멋지게 이해 받을 수 있는 매너나 스타일을 몸에 지닐 필요가 있다.

일류의 유니폼을 입는 것이 매너일 경우가 있는가 하면 반대의 경우도 있다. 매너에는 틀에 박힌 매너를 파괴하는 매너도 있다. 모두 정장을 하고 있어도 자기만이 캐쥬얼 스타일로 간다. 그때 중요한 것은 그 캐쥬얼 스타일이 전혀 이상하지 않고 그 사람과 잘 어울릴 수 있느냐 하는 것이다. 매너는 공통적인 규칙이지만 한 가지 모양만 있는 것은 아니다. 그래서 개인연기가 필요한 것이다.

매너를 몸에 지니는 것과 함께 매너를 전하는 것도 중요하다. 매너는 사회에서 배우는 것이다. 나는 내 아이들에게 매너를 가르치는 일을 전혀 하고 있지 않다. 그 대신에 일찍 집에서 쫓아내서 사회 속에서 매너를 배울 기회를 주려고 하고 있다. 이것은 성공한다고 단언할 수는 없지만 적어도 어디를 가더라도 겁먹지 않고 행동할 수 있도록 된다고 말할 수 있을 것이다. 내가 곤란하게 생각하는 것은 어느 집안, 동료 사이, 회사에서만 통하는 매너를 자랑스럽게 생각하고 있는 사람들이다.

Miracles 4 ┊ 아랫사람을 우아하게 대해라.

네 번째 법칙은 아랫사람을 언제나 우아하게 대해야 한다는 것이다. 물론 아랫사람을 지나치게 추어주면 안 되지만. 아랫사람의 서투름이나 열등함을 괴롭히는 것이 아니라, 젊은 사람들을 뒤에서 밀어주고 '잘 한다' 고 말해서 진작시켜주어야 한다는 것이다. 그것이 어른이다.

그런데 사회에서는 이런 태도를 취하는 사람이 거의 없다. '뒤에 오는 사람을 중요하게 여긴다, 젊은 사람에게 관심을 가진다.' 는 사람들이 사회에 많아야 한다. 그런데 그런 사람들이 의외로 적다. '우아하게' 라는 것은 그저 '달콤하게' 라는 말과는 차이가 있다. 아랫사람이 잘한 것을 칭찬해서 기른다는 뜻이다. 그렇게 해서 아랫사람을 뒤에서 밀어준다, 그렇게 하면 아랫사람은 연장자를 배워서 그 사람을 닮아간다.

Miracles 5 ┊ 술 마시는 방법을 가르쳐주는 윗사람을 가져라.

다섯 번째 법칙은 내가 배울 수 있는(사숙할 수 있는) 연상을 가져야 한다는 것이다. 네 번째의 법칙에서 이야기한 것과 반대처럼 보이지만 서로 상호관계이다. 아랫사람이 나를 통해서 배울 수 있는 사람이 되는 것만큼 중요하게, 나에게 매너나 스타일을 가르쳐주는 윗사람을 사귀는 것이 무엇보다도 중요하다. 말로 가르쳐줄 뿐만 아니라 이야기하는 법, 혹은 글 쓰는 방법 등 삶의 방법을 여러 가지 측면에서 교사가 될 수 있는 윗사람을 말한다.

특히 좋은 것은 술을 마시게 해주는 선배이다. 거기에서 매너가 생긴다. 술집의 매너를 억지로 하는 것이 아니라 술을 마시면서도 싫지 않는, 젊은 사람이 '그 선배 오늘 또 만났으면 좋겠는데…' 하고 생각되는 것이 중요하다.

나는 젊은 사람들이 자신들만의 동료 세계 속에서만 교제할 것이 아니라 술집이라는 인간감정의 돌출 장소에서 좋은 윗사람에게 권유받을 필요가 있다고 절실히 느끼고 있다. 좋은 술집은 연기력을 양성하는 최적의 장소가 아닐까?

술에 취함은 일시적인 자살이다. - 버트런드 러셀 (1872-1970)

프랑스의 철학자 몬테뉴의 〈수상록〉 속에는 '인간의 최악의 상태는 자기의 인식과 지배를 잃었을 때이다.' 라는 말이 있다. 술 취했을 때의 상태는 확실히 자기 인식과 지배를 잃은 상태일 것이다. 고대 그리스 철학자 피타고라스에 의하면 '술 취함은 일시적인 발광' 이라고 말하고 있다. 이처럼 유명인들은 하나같이 술을 취하도록 마시는 것을 경고하고 있다.

성공의 실현

Miracles 1 | 시간도 늘었다 줄었다 한다.

지금까지 우리는 자기가 가장 좋아하는 일을 찾기 위하여 어떻게 노력해야 하고, 어떻게 살아가야 하느냐 하는 것을 가지고 오랫동안 논의해 왔다. 이제 남아 있는 것은 자기가 선택한 가장 좋아하는 일을 '실현'시키는 것만 남은 것 같다.

자기가 가장 좋아하는 일을 실현하기 위해서는 물론 여러 가지 기술이 필요하다. 그러나 그 중에서도 제일 중요하게 생각한 것이 시간이다. 보통 우리들은 시간이라는 것을 똑같이 나누어져서 존재하는 것으로 똑같이 흘러간다고 생각하고 있다. 그러나 결론부터 말해서 그런 객관적인 시간은 이 지구상에 존재하지 않는다.

우리들은 보통 미래의 시간은 영구히 존재하는 것이라고 생각하며 살아가고 있다. 그렇게 생각하고 있지는 않더라도, 그렇게 존재한다는 실감 속에서 살아가고 있다. 10세의 어린이든, 30세의 청년이든, 60세, 80세의 노인이든 자기 시간이라는 것은 '지금의 다음'이 반드시 있다고 생각하고 있다. 즉 지금의 다음을 연속해 가면 영원이 되니까.

반대로 지나온 시간은 눈 깜짝할 사이(순간)였다고 생각한다. 심리적으로 말하면 '순간'은 아무리 겹쳐놓아도 역시 '순간'이다. 인간은 지나간 '순간'의 영원과, 또 아직 찾아오지 않은 '영원'의 순간 사이에 놓여 있다.

여러분도 이런 경험이 있지 않을까? 대학에 처음 들어갔을 때, 4년간을 상당히 길게 느꼈을 것이다. 그러나 졸업하고 나서 돌아보면 4년간은 눈 깜짝할 사이라는 것이다. 시계로 계산하는 시간은 과거나 미래라고 해서 마음대로 늘었다 줄었다하는 것은 아니다. 그런데 우리들의 감각은 시간이 늘어났다 줄어들었다 하고 있다고 받아들이고 있는 것이다.

요컨대 시간이라는 것은 우리들 스스로 자기 감각 속에서 늘렸다 줄였다 한다는 것이다. 우리들은, 미래는 언제까지나 시간이 있다고 생각하고 있다. 그것이 미래가 잉태하고 있는 '기대'라는 위험이다. 반대로 과거는 순간으로 지나간 것처럼 생각하고 있다. 과거가 잉태하고 있는 '망각'이라는 위험이다.

그러나 과거는 충실하게 지냈든 어쨌든 그 사람이 살아온 시간에 따른 물리적인 시간의 무게를 갖고 있다. 그러므로 과거나 현재를 멋지게 살지 않으면 미래는 순식간에 지나가 버려서 과거로 되어버린다는 것을 절대로 잊어서는 안 된다.

Miracles 2 　좋아하는 일을 먼저 할까, 나중에 할까?

시간은 영원한 것이라고 생각할 사람은 아무도 없다. 그러나 지금 현재의 시점에서 보면 미래가 영원히 계속해 가는 것 같으므로 누구나 지금 이 때에 꼭 해야 한다고 느끼지 않는 것이다.

자기가 하고 싶은 것이 눈앞에 있다거나 혹은 미래에 있다고 계속 생각만 하고 있으면 눈 깜짝할 사이에 시간은 지나가 버린다. 그리고 자기가 하고 싶은 것은 조금도 손을 대지 못할 뿐만 아니라 어느 틈엔가 자기가 하고 싶은 것이 무엇이었던지 조차 잊어버리게 된다. 나는 지금 시간이 위험한 존재라는 것을 지나치게 강조하고 있는 것인지도 모른다.

그러나 이것은 간단명료하다. '지금 이 순간'에 무엇을 하고 있느냐가 시간에 관한 가장 중요문제이기 때문이다. 자기가 가장 좋아하는 일이라면 금방이라도 하지 않으면 안 되는 것이다. 금방이라도 하지 않으면 안 된다는 말은 단순 명쾌하지만 그러나 제일 어려운 것이다. 먼저 이 문제에 대해서 생각해보고 싶다.

예를 들면 어렸을 때 자기가 좋아하는 것을 먼저 먹을까, 나중에 먹을까 하는 선택이 있었다. 어른이 되고 나서도 하고 싶은 것을 먼저 할 것인지, 아니면 나머지들을 먼저 해야 할 것인지 하는 선택이 있다.

괴테는 낮의 노력, 밤의 쾌락이라고 말했다. 먼저 땀을 흘리고 그 뒤에 즐기는 시간, 즉 취미나 놀이의 시간을 갖는 것을 뜻한다. 반대로 먼저 즐기고 그 뒤에 의무적인 시간을 가지라는 사고방식도 있다.

지금의 젊은이들은 대개 먼저 좋아하는 일부터 한다. 먼저 손을 뻗칠 수 있는 것부터 한다. 그 뒤에 할 수 없이 하지 않으면 안 되는 것을 한다. 이것이 일반적인 특징이다. 학생이면 하고 싶은 것을 먼저 하고, 하지 않으면 안 되는 공부는 뒤로 돌리는 것을 할 수 있지만 일을 갖게 되면 그렇게 할 수 없다. 일을 뒤로 돌릴 수가 없기 때문이다. 그러면 괴테가 말한 것처럼 될 것이다.

죽은 시간과 살아 있는 시간

인간 사회에는 여러 가지 평등이나 불평등이 있다. 그러나 어떤 사람이나 시간만은 평등하게 주어져 있다고 하는 사고방식을 갖고 있는 것 같다. 그러나 나는 반드시 그렇다고 생각지 않는다.

시간이라는 것은 자기 임의로 되는 것임과 동시에, 또한 자기로서는 절대로 초월할 수 없는 것이기도 하다. 제일 좋은 예가 죽음은 반드시 찾아온다는 것이다. 인간이 시간 아래에서 평등하다는 것은, 실은 죽음은 누구한테나 반드시 찾아온다는 것을 의미하고 있다.

그러나 일상적인 삶 속에서는 감각방법이 서로 다르다. 사람은 시간을 어떻게 사용하든지 내 마음 대로라고 생각하고 있다. 하지만 하고 싶은 것, 하지 않으면 안 되는 것은 그때그때마다 정확한 마감이 있는 것이다. 그리고 최종마감은 죽음이라는 것이다. 즉 마감이나 한도를 갖지 않은 시간은 존재하지 않는다.

그러니까 마감을 갖지 않은 듯한 생활방식을 갖고 있거나 스스로 멋지게 매듭을 짓고 다음으로 향해간다는 생활방식을 갖지 않으면 함부로 낭비하는 시간을 가질 수밖에 없는 것이다. 나는 이런 시간을 죽은 시간이라고 부른다.

오늘 해야 할 일이나 지금 해야 할 일을 그때그때마다 하지 않으면 똑같은 기회는 두 번 다시 찾아오지 않는다고 우선 생각하라. 오늘해도 좋고, 내일해도 좋고 훗날해도 좋다는 사고방식이 있으면 반드시 시간은 눈 깜짝할 사이에 흘러가 버려서 아무것도 남지 않게 된다. 죽은 시간이 되고 만다.

그런데 하고 싶은 것과 해야 할 것이 일치하지 않는다면 어떻게 해야 할까? 하고 싶은 것을 먼저 하든 나중에 하든 관계없이 한마디로 말하면 마감이 있다는 것이다. 그러므로 해야 할 것이 자기가 하고 싶은 것이라면 제일 좋을 것이다.

하지만 일치하지 않으면 어떻게 해야 할까? 사회생활을 하고 있는 사람이라면 우선 자기 맡은 일을 멋지게 수행하지 않으면 안 된다. 똑같이 9시부터 5시까지 일하더라도 그것이 의무로서 받아들여진다면 고통으로 다가올 것이다. 이미 직장이 있고, 그와 같은 일상이 언제까지라도 계속될 것 같이 생각하고 있는 사람은 9시부터 5시까지가 강제된, 그리고 마지못한 느낌이 들 것이다.

반면에 일하는 것이 즐겁다고 느끼는 사람도 있다. 지금 현재 직장이 없는 사람이라면 9시부터 5시까지 일하고 싶다고 생각할 것이다. 만일 그런 사람에게 일을 준다면 그 사람은 그 시간을 귀중하게 여길 것이다. 왜냐하면 해야 할 것과 하고 싶은 것이 일치하기 때문이다.

그러므로 '지금하고 싶은 것'과 '해야 할 것'을 가능한 한 일치시키는 것보다 중요한 것은 없다. 그 두 가지를 일치시킨다는 것은 자기가 하고 싶은 일을 맡아서 하는 것과 똑같은 이야기가 된다. 다만 현실적으로는 그렇게 되기가 어지간히 어려운 점이 있다. 그러므로 9시부터 5시까지 시간을 즐겁게 느끼도록 하기 위해서는 <해야 할 것>을 <하고 싶도록> 만드는 스스로의 노력이 절실하게 필요한 법이다.

시간이라는 것은 각 사람의 생각이나 희망과 강하게 연결되어 있다. 그 희망이나 생각을 실현하려고 부딪치지 않으면 시간은 얼렁뚱땅 빈 껍질만 남기고 스쳐지나가 버리는 것이다.

다시 말해서 아무렇게 되어도 좋은 시간밖에 되지 않는 것이다. 그런 시간은 지나가 버린 시간, 소화되어버린 시간, 이미 돌아올 수 없는 시간. 기회가 찾아오지 않는 시간이다. 즉 죽은 시간이다. 그리고 후회하는 시간이다.

희망이나 사고를 실현하려고 부딪쳐 가면 시간에 충실하기 때문에 순간적으로 시간이 지나가 버린다. 이 충실한 시간은 죽어버린 과거의 시간이 아니라 지금 계속하는 시간, 미래를 충동하는 원동력이 된다.

실현된 희망은 과거의 시간으로 계속 흘러 들어가겠지만 농축된 기억으로서 저장되면서 생각이 나지 않는 기억이 되는 것이다. 지금을 충실하게 살아가면 과거를 돌아볼 필요가 없어진다. 과거를 후회하는 일도 없다.

Miracles 4 | 인생이 풍요로운 사람이란 꿈을 가진 사람이다.

꿈을 위해 투자하는 시간을 생각하는 경우, 인생은 운이나 우연에 의해서 크게 좌우되는 것이라고 생각하게 된다. 이 말의 뜻은, 다시 말하면 인생은 다음에 무슨 일이 일어날지 전혀 알 수 없다는 것이다. 꿈에 투자한다는 것은 운이라는 막연한 것에 투자하는 것과 같다.

실은 사람만이 예습을 하는 능력을 갖고 있는 것이다. 예지(豫知) 능력만 생각한다면 다른 동물들도 있다. 땅에 기어 다니는 미물인 개미도 큰비가 올 것을 미리 아는 능력이 있다고 한다. 또한 쥐들도 그런 능력이 있어 태풍이 올 때는 쥐들이 먼저 배에서 뭍으로 올라온다고 한다. 그러나 예지하고, 예습하고, 미리 준비하여 자기가 하고 싶은 것을 실현하기 위해 노력하는 것은 인간뿐이다.

예습을 한다는 것은 어찌 생각하면 헛된 것처럼 생각될지도 모른다.

그러나 스스로의 힘으로 앞으로 어떤 것이 이루어질 것이라는 사실을 생각하면서 꿈꾸는 능력은 인간에게만 주어진 것이다. 그 능력을 즐기는 것이 또한 인간이다.

그러므로 꿈꾸는 능력을 가진다는 것은 내일의 일을 준비한다고 하는 일이 되고, 단순하고 막연한 것이 아니라, 무슨 일이거나 완수해낸다는 강한 의지와 결합되는 것이다. 이 의지가 바로 하고 싶다는 힘이 되는 것이다.

인생이 풍요한 사람이란, 한 마디로 말해서 꿈의 시간을 즐기는 사람이다. 결코 뭔가의 성과를 얻은 사람이 아니다. 많은 돈을 벌거나 많은 좋은 작품을 창작하거나 많은 좋은 친구를 가졌다는 결과가 아니라, 어떤 과정을 거쳐서 좋은 친구가 생겼느냐, 작품이 생겼느냐, 돈을 벌었느냐 하는 것이 중요한 것이다.

부모로부터 재산을 물려받았거나 하늘에서 떨어지는 식으로 뭔가를 얻은 사람은 행운일지는 모르지만 그 사람에게는 꿈도 아무것도 없다. 이미 있는 것, 당연한 것에 지나지 않는다. 거기서는 기쁨을 느끼지 못한다. 단순한 기득권에 지나지 않는다.

그런 사람들은 스스로 노력을 쌓아서 무슨 일인가를 실현하고 있다기보다 있는 것을 소비하고 즐기면서 지나가는 것으로 끝난다. 그저 즐겁게 지내는 것이 꿈이라고 착각하는 것이다. 그런 인생에게 결코 충실한 시간은 방문하지 않는다는 것이 내가 경험에서 배운 법칙이다. 여러분도 주의하지 않으면 안된다.

　계획표를 작성하라.

지금의 젊은이들이 괴로워하는 것은 스케쥴을 짜는 일이다. 미래에 내가 무엇을 실현할까 하는 것과는 관계없이 자기 인생은 안전하고, 내일도 또 오늘처럼 반복할 것이라고 생각하고 있기 때문이다.

그러나 이 지구상 어디를 가더라도 아침을 무사히 먹었다고 해서 점심도 반드시 무사히 먹을 수 있다는 나라는 거의 없다. 한국의 젊은 사람들은 오늘날 너무나 잘 살고 있기 때문에 점심을 건너뛰고 '뭔가 간단히'라고 말들을 하지만, 다음의 식사를 먹을 수 있다는 보장이 없는 나라도 상당히 많이 있다는 것을 생각해야 한다.

그런 나라 사람들은 '건너뛰고, 간단히'라는 생각은 전혀 할 수가 없을 것이다. 그러나 한국에서 보통생활 정도를 유지하고 있는 한은 언제 먹더라도 언제 공부하더라도 똑같다는 식으로 생각하고 있다.

그런 인생은 막연히 지나간다. 나는 1년 스케쥴, 한 달 스케쥴, 일주일의 스케쥴, 하루 스케쥴을 사전에 세우는 것을 반드시 실행하기를 바라고 있다. 먼저 수첩에 해야 할 안건을 써넣어라.

특히 장려하고 싶은 것은 컴퓨터를 이용한 1년(한 달, 일주일, 하루)계획을 세우는 일이다. 그렇다고 해서 세밀하게 세우라는 것은 아니다. 스케쥴의 공란을 채우지 않으면 마음이 놓이지 않는 사람도 있지만 그럴 필요는 없다.

1년을 이렇게 살아간다고 우선 메인프레임을 설정하고, 그 1년의 계획 테두리에 따라서 이 달 중에 하려고 하는 범위를 결정하고, 그 다음에는 금주 중에 할 범위를 결정해 간다. 전달의 끝, 전주의 끝에 이번 달, 이번 주의 마감을 결정하는 것이다. 마지막으로 오늘은 어떤 범위로 할 것인가를 결정한다.

이와 같은 계획을 멋지게 세워서 실현해 간다는 사고방식을 가질 수 있느냐 없느냐가 문제이다. 그것을 할 수 있느냐 없느냐로 생활방식이 농밀해지고 또 다른 삶이 찾아온다고 생각한다. 이것을 1년, 2년, 3년 계속해 가면 성과는 전혀 다른 모양으로 나타난다. 그것이 쌓이면 성공은 여러분 눈앞에 스스로 모습을 드러낼 것이다.

아무것도 소유하지 않은 자는 노동의 속박 아래에 있고, 재산을 소유한 자는 정신의 속박 아래에 있다. – 윌리엄 사무나 (1840-1910)

가진 자나 갖지 않은 자나 인간은 누구나 고생을 한다는 것이다. 같은 시대의 미국의 목사였던 헨리 기레스는 '가난한 자가 언제나 고기를 얻을 수 없는 것처럼 부자는 언제나 소화불량에 걸려 있다.'라고 말하고 있다. 하지만 노동과 정신, 배고픔과 소화불량을 비교해서 같은 고생이라고 한다면 문제가 있을지도 모른다.

4부

기적을 만들어 낸 사람들

생쥐를 이용해서 거부가 된
월트 디즈니

'미키 마우스'와 '세 마리의 새끼 돼지'의 부모 월트 디즈니(Walt Disney)는 지금부터 30여 년 전 전혀 무명의 사람이었다. 오늘날은 미국에서 제일급 유명인 중 한 사람이다.

<영국 명사록>에는 월트 디즈니의 이름이 세계 일류의 인물에 섞여서 멋지게 나와 있고, 더구나 유명한 대정치가들 보다 지면을 크게 사용하고 있다.

지금은 세일론 섬의 차밭이 있는 동쪽에서 알라스카의 어촌에 이르는 서쪽까지 전 세계적으로 인기인이 되었다. 북극권 가까이에 사는 에스키모인까지 미키 마우스의 영화를 보고 열을 올려 미키 마우스 클럽까지 설립할 정도이다. 클럽의 집회는 물론 눈이나 얼음을 굳혀서 만든

둥근 통나무집에서 개최한다.

오늘날은 대자산가이고 대사업가인 월트 디즈니도 30여 년 전에는 무일푼이었다. 그는 번 돈을 모두 다시 사업에 쏟아 붓는다. 몇 백만 달러 저축보다도 좋은 영화를 만드는 편이 재미있다고 그는 말한다.

본래 미주리 주 캔사스 시티에서 살았다. 그는 화가가 될 예정이었다. 그래서 어느 날 캔사스 시티 스타 신문사로 찾아가서 편집장에게 자신이 그린 그림을 보이며 일자리를 부탁했다. 편집장은 그의 그림을 보고 "이게 그림인가? 자네는 전혀 그림재주가 없군."하고 말했다. 그는 화가 나서 돌아왔다.

이윽고 일을 맡았다. 교회 장식을 그림으로 그리는 일이었는데 급여는 지독히 나빴다. 사무실을 빌려주지 않았기 때문에 아버지 차고를 아틀리에로 사용했다. 물론 그때의 괴로움은 말이 아니었지만 나중에 생각해 보면 가솔린과 글리세린 냄새가 진동하는 차고에서 일을 한 덕분에 백만 달러의 가치가 있는 아이디어를 만들어냈다고 그는 말한다.

어느 날 생쥐 한 마리가 차고 바닥에 흙을 파고 있었다. 그림 그리던 손을 멈추고 디즈니는 생쥐를 보다가 곁에 있던 빵 부스러기를 쥐에게 던져 주었다. 하루하루 지나는 동안에 점점 친해져서 마침내 생쥐가 화판 위로 오르게 되었다. 그러던 중 헐리웃으로 옮겨서 '오즈월드와 토끼' 라는 일련의 만화영화를 제작하기 시작했는데 완전히 실패했다. 또다시 일을 잃고 무일푼이 되었다.

어느 날 하숙방에서 무슨 명안이 없을까하고 고민을 하던 중 문득 머리에 떠오른 것이 캔사스 시티의 차고에서 화판 위에 올랐던 생쥐였다. 즉시 그는 생쥐를 그리기 시작했다. ―이것이 미키 마우스의 탄생 과정이다.

캔사스 시티의 그 생쥐는 물론 이미 옛날에 죽었겠지만 그것이 전 세계에서 가장 유명한 영화 스타 '미키 마우스'의 선조에 해당하는 것이다. 오늘날 전영화계에서 팬레터가 가장 많은 것이 미키 마우스이다. 미키 마우스가 스크린을 뛰어다닌 나라는 영화스타 누구보다도 훨씬 많다.

월트 디즈니는 매주 반드시 동물원을 간다. 동물들의 움직임을 연구하고 동물들의 우는 소리도 연구하는 것이다. 미키 마우스의 영화에서 미키의 목소리를 내는 역할도 할 뿐만 아니라 동물의 우는 소리도 대부분 그가 맡는다.

만화영화의 제작에는 무수한 원화가 필요하지만 그것을 한 장 한 장 직접 그리는 것은 아니다. 대사도 쓰지 않고 영화 구성도 직접 하지 않는다. 그런 일은 모두 수많은 조수에게 맡기고 있다.

디즈니는 오로지 영화의 아이디어에만 몰두한다. 뭔가 아이디어가 떠오르면 각본 파트의 조수들을 모아서 토의한다. 이미 오래된 일이지만 어느 날 어렸을 때 어머니가 읽어주어서 들은 동화를 컬러 영화로 하고 싶다고 말을 꺼냈다. 세 마리의 새끼 돼지와 커다란 나쁜 늑대의 이야기였다.

조수들은 모두 고개를 저으며 찬성하려 하지 않았다. 할 수 없이 멈

쳤지만 디즈니는 그 아이디어를 결코 잊지 않았다. 그러나 몇 차례 이야기를 꺼내도 모두들 안 된다는 말 뿐이었다. 마침내 사장이 너무 자주 이야기를 꺼내니 한번 해보자라는 의견이 모아졌지만 아무도 큰 기대는 하지 않았다.

미키 마우스의 영화를 한 편 만드는 데는 약 90일이 걸린다. 하지만 '세 마리의 새끼돼지'는 90일이나 걸려서는 타산이 맞지 않는다. 그래서 제작 일수를 줄여 60일로 끝내기로 했다. 스타디오의 누구 한 사람 이것이 히트하리라고 생각하지 않았다. 그런데 그것이 일시에 전국의 인기를 모으게 되었다.

실로 공전의 대히트였다. 조지아주의 목화밭에서 오레곤주의 사과 동산에 이르기까지 미키 마우스의 테마송은 금방 전국으로 퍼졌다. ─ '커다란 나쁜 늑대야, 누구를 괴롭히지, 누구를 괴롭히지'

자기 말에 따르면 디즈니는 이 영화를 보러 반복해서 일곱 번이나 영화관에 갔다고 한다. 만화영화 사상 전례가 없는 최대의 히트였다.

지금 이 순간에도 세계 어느 곳에서는 미키 마우스를 보고 있는 사람이 있을지도 모른다. '모든 성공의 비결은 일에 파묻히는 것이다.' ─이것이 월트 디즈니의 신념이다. 그저 돈을 버는 것은 그다지 재미가 없다고 그는 말한다. 일이야말로 그의 생활의 감격이고 모험인 것이다. 놀이보다도 일속에서 그는 감격을 발견하고 있는 것이다.

'커다란 나쁜 늑대야, 누가 고약하지?'의 노래는 만화영화가 만들어 낸 최초의 히트곡이다. 이 곡은 디즈니의 직원 중 한 사람인 프랭크 처

칠이 약 5분간에 걸쳐 봉투 뒤에 끄적끄적 쓴 것이었다. 이것이 히트하

자마자 금방 처칠에게 다른 영화사 다섯 곳에서 작곡 의뢰가 날아왔다.

미키 마우스가 히트하고 나서 '월트 디즈니 프로덕션'을 창립한 것이 1928년이었다. 히트에 히트를 거듭해서 여러 차례 아카데미상을 받았다. 영화 외에유명한 디즈니랜드를 창안, 경영하였다. 자기가 가장 좋아하는 일을 찾아내 성공한 대표적인 인물이다. 자기가 가장 좋아하는 일을 찾아내 일속에서 재미를느끼면 성공은 자동적으로 따라오는 것이다.

묘석을 조각하기 싫어서 미국 공군의 에이스가 된
에디 리켄베이커

저주를 받아도 절대로 죽을 것 같지 않은 남자, 25년 동안 죽음에 도전해서 어떤 위험도 피하지 않는 남자—이것은 그러한 인물의 이야기이다. 몸의 털 하나까지도 곤두서는 맹렬한 스피드로 레이싱 카를 탄 것이 2백회 이상, 제1차 세계대전 중인 1918년에는 독일군의 저누기를 26대나 격추했다. —더구나 적의 포탄세례를 받으면서 체포되거나 상처 하나 입지 않고 격추한 것이다. 제1차 대전에 용맹을 떨친 저 '무적 비행대' 의 지휘관 미국공군 에이스 속의 에이스, 에디 리켄베이커의 이야기이다.

그는 12살이 될 때까지 난폭하고 성격이 급해서 길들여지지 않는 아이였다. 골목대장이 돼서 가로등을 깨뜨리거나 나쁜 짓이라면 마다하지 않았다. 그런데 비극이 찾아왔다. 아버지가 죽은 것이다. 장난꾸러기 에디는 하룻밤에 노인이 되었다. '노인이 되었다.' 란 본인의 말이다.

아버지가 죽고 나서 '좋다. 내가 우리 집을 지킬 것이다.' 라고 그는 결심했다고 한다.

그래서 학교를 퇴학하고 유리공장에 취직했다. 시급 5센트로 매일 12시간 노동했다. 아침은 7마일을 걸어서 공장에 가고 밤에도 7마일을 걸어서 집으로 돌아왔다. 이것으로 전차비 10센트를 절약할 수 있었다.

그는 고집스럽게 결심했다. 무슨 일이나 지지 않기를 고집했다. 그러나 공장 일은 아무래도 시시하고 싫증이 났다.

'나는 예술가가 되고 싶다. 창조하고 싶다. 선과 색을 사용해서 상상을 모양으로 표현하고 싶다.' 라고 생각했다. 그래서 그는 야학을 다니며 그림을 배우고 돌집에 취직해서 대리석으로 천사 등을 조각하기 시작했다. 현재 아버지의 묘에 조각해 있는 문자도 실은 에디가 스스로 조각한 것이다. 그런데 다른 사람한테 들어보니 석공이라는 것은 위험한 일이라고 했다. 대리석 가루를 호흡해서 폐병이 된다는 이야기였다. "젊어서 죽으면 안 되니까 좀더 안전한 일은 없을까 하고 탐색했지." 라고 에디는 말한다.

14세 때였다. 어느 날 아침, 이 날이 운명의 아침이 되었지만—보도에 서 있으려니까 눈앞을 자동차들이 지나갔다. 그는 눈을 둥글게 뜨고 계속 바라보았다. 오하이오주 콜럼버스시로 가는 큰 도로를 이상한 모양의 상품들을 싣고 가득히 달려갔다. 그것이 그에게는 '차를 탄 운명의 신'이었다. 이것을 기회로 그의 인생은 180도로 변한다.

15세 때는 차고에서 근무했다. 차고라고 해봤자 마차를 빌려주는 집을 개조한 장소였다. 그곳에 차를 넣거나 꺼내거나 하면서 그는 자동차 운전을 배웠다. 그리고 자기 집 뒤뜰에 사업장을 만들어 수작업의 도구로 자기 식대로 자동차 제작을 시작했다. 이윽고 콜럼버스 시에 자동차 공장이 생겼다. 일요일마다 그곳으로 가서 고용해주기를 부탁했지만 갈 적마다 거절당했다. 18번을 다녔지만 18번 모두 거절당했다. 마침내 공장주와 담판을 벌였다.

"주인님, 오늘부터 남의 손이 필요 없어요. 내가 여기서 일합니다. 바닥이 더러우니까 청소도 합니다. 사용한 도구를 닦기도 하지요." 공장주는 깜짝 놀랐다.

한 푼도 받지 않고 청소부터 공장 일까지 다해 주겠다고 하니 놀랄 만도 했다.

우선은 월급 등을 신경 쓰지 않았다. 오직 스타트를 끊을 기회를 잡는 것만이 목적이었다. 그리고 통신교육으로 열심히 기계공학을 공부하면서 기회가 오기를 기다렸다. 그 뒤 한 단계, 한 단계 차례차례 올라갔다. ―먼저 직공이 된다. 계장이 된다. 기사보가 된다. 고장계가 된다. 세일즈맨이 된다. 마침내 지점장이 되었다.

이번에는 스피드에 대한 정열과 모험의 갈망에 휩싸였다. 레이서 생활의 자극과 흥분, 관중의 환호와 갈채―그것이 뇌리에서 사라지지 않았다. 그렇게 되자 자신을 바꿀 필요가 있다고 생각했다.

그는 본성인 성급한 성격을 고치려고 온갖 노력을 기울였다. 다른 사람들과 다툼이나 멸시를 당해도 화를 내지 않고 웃음을 잃지 않도록 최선을 다했다. 노력해서 자제심을 배양했던 것이다. 어떤 때라도 미소를 잃지 않으려고 마음먹었다. 언제나 미소를 잃지 않은 결과 마침내 그의 미소는 유명하게 된다.

레이서의 생활에는 담력이 필요했다. 더욱이나 철벽의 담력이 필요했다. 그것을 알면서도 담배와 술도 끊고 매일 밤 10시에는 침대에 들어갔다. 이윽고 25세가 되었다. 그는 세계제일의 유명한 레이서가 되어 있었다.

그런데 재미있는 이야기도 있다. 과거 30년간, 몇 천 마일이나 차를 달렸지만 그는 운전면허증이 없는 무면허 운전자라는 것이다. 물론 현재도 아직 받지 않았다.

언제나 교통법규를 지키는 것을 우습게 여기는 사람이 많지만 그는 일체 그런 짓을 하지 않았다.

미국이 제1차 대전에 참전했을 무렵 에디 리켄베이커는 자동차계의 우상이었다. 그래서 그는 프랑스로 건너가서 패싱 장군의 운전수가 되었다. 그러나 승용차의 운전은 모험을 좋아하는 그의 성격과 아무래도 맞지 않았다. 전투에 참가하고 싶었다. 그래서 전투기 파일럿을 지원하여 조종사가 되고, 18개월간에 미국 공군 제일의 공적을 올리고 미국, 영국, 프랑스 3국에서 훈장을 받았다.

그는 그때 경험을 370페이지의 책에 담고 있다. 피가 끓는 공중전,

간일발의 생명, 꽉 채운 서사시적인 이야기이다. 읽고 싶다면 에디 리켄베이커 지음 <서커스 항공대와의 전투>를 찾아라. 미국 공군 역사에 이만큼 피를 끓게 하는 책은 없다.

리켄베이커는 제1차대전 후 자동차제조회사를 만들고 나중에 항공기제작회사로 옮겼다. 1935년 이후는 이스턴 항공에 들어가서 회사를 미국 일류의 항공운수회사로 육성해서 사장이 되었다. 자기가 좋아하는 일을 찾아서 준비하고 노력한 인물이다. 돈이 아니라 자기가 좋아하는 일을 찾을 때 성공은 여러분 것이 된다.

가난한 농부의 아들로 태어나 세계 제일의 테너가 된
엔리코 카루소

엔리코 카루소가 1921년 48세로 죽었을 때, 전 세계 사람들은 깊은 슬픔으로 말을 잃었다. 더 이상 아름다운 목소리는 아무도 들을 수 없다.―그 아름다운 목소리의 주인공이 영원히 침묵했기 때문이다. 그는 세계최고의 가수로서 명성이 절정에 있을 때, 갑자기 죽음의 신에게 습격을 받은 것이다. 과로가 겹쳤을 때 시시한 감기가 찾아온 것을 가볍게 보고 있었던 것이 원인이 되어 6개월이라는 기간을 죽음과 맞서서 용감히 싸우다가 결국 패한 것이다. 그 사이 전세계 오페라 팬은 몇 만 회나 열렬한 기도를 바치는 성찬식을 행했고, 측량할 수 없는 운명의 문을 향하여 그의 완쾌를 기원했던 것이다.

카루소의 미성(美聲)은 단순한 신의 선물이었을 뿐만 아니라 휴일 없이 맹렬히 연습한 훈련의 성과이기도 했다. 불굴의 결의와 부단한 연습의 성과인 것이다. 처음에는 아주 약하고 가는 목소리를 갖고 있어서 음악교사한테 이렇게 선고받았다.

"자네는 노래는 안 돼. 전혀 소리가 나오지 않으니까. 마치 바람이 창문을 흔들고 있는 것 같은 목소리가 아닌가?"

몇 년 걸쳐서 높은 소리를 내자 목소리가 찢어졌다. 오페라에 출연해도 연기가 전혀 서툴러서 청중들을 압도할 수 없었다. 나중에 이름을 얻고 나서 고금에 다시없는 대가수가 되었지만 그 명성의 절정에 있을 때에도 수업시대의 고생을 생각하기만 하면 눈물을 흘릴 정도였다.

그는 15세 때 어머니가 죽었다. 그 이후 어디에 가더라도 어머니의 사진을 책상에 두지 않고 몸에 지니고 다녔다. 어쨌든 실로 21명의 아이를 낳은 어머니이다. 그 중 18명은 어려서 죽고 3명만 살아남았다. 고생과 빈곤 외에 아무것도 모르는 빈농의 아내였지만 어떻게 느꼈는지 이 아들 엔리코 만은 천재의 후광이 비치고 있다고 믿어서 엔리코를 위하는 일이라면 어떤 희생도 아까워하지 않았다. "내 어머니는요." 하고 카루소는 자주 말하고 있다. "나를 가수로 만들기 위해서 구두도 사지 않고 맨발로 지냈어요." 그렇게 말하고 눈물을 글썽이는 것이었다.

10세가 되자 학교를 그만두고 공장으로 일하러 다녔다. 하루의 일을 끝내면 매일 밤 노래 공부를 했다. 공장을 그만두고 노래로 밥을 먹을 수 있게 된 것은 마침내 21세 때였다.

기회 있을 때마다 뛰어다니며 이웃의 카페에서 노래로 저녁 값을 대신하거나 사람에게 고용되어서 여자 집 창 아래에서 세레나데를 노래했다. 카루소를 돈으로 고용한 음치의 남자가 달빛아래에서 도도하게 사랑의 고민을 연기하는 중에 카루소 자신은 문 앞에 숨어서 시와 음악의 신 아폴로에게도 뒤지지 않는 아름다운 목소리를 가지고 감미로운 멜로디로 여자의 마음을 유혹한 것이다.

마침내 기회를 잡고 오페라에 출연하게 되었다. 리허설을 했는데 긴장한 나머지 굳어서 노래가 잘 되지 않았다. 유리가 깨지는 듯한 목소리로 찢어져 나왔다. 아무리 노력해도 잘 되지 않았다. 마침내 울면서 극장에서 도망쳐 나와 버렸다.

드디어 본 공연의 오페라 데뷔를 할 때는 정신을 바짝 차리고 무대로 나갔다. 조용히 연주가 흘렀다. 모처럼의 노래였지만 청중들은 전혀 들리지 않는 모양 같았다. 이것은 아직 대역을 하고 있던 때이다.

어느 날 밤, 주역인 테너가수가 갑자기 병이 들었다. 그러나 대역을 하지 않으면 안 되는 카루소가 극장에 오지 않는다. 사방팔방으로 사람을 보내서 찾아보니 어떤 술집에서 술에 잔득 취해 있었다. 숨쉴 틈도 없이 극장으로 달려갔는데 술에 취해서 대기실이 무척 더워서 숨쉴 수조차 없었다. 근처를 빙글빙글 돌아다니다가 무대로 나가니 청중은 모두 화가 나서 대소동이 일어났다.

막이 내리고 그는 목이 잘렸다. 하룻밤 지나자 절망의 나락에 빠졌다. 그는 자살하려고도 생각했다. 주머니에 남은 돈은 단 1리라 —그래도 와인 한 병은 살 수 있다. 하루 종일 아무것도 입에 대지 않은 채 마구 와인을 마시면서 어떤 방법으로 자살할까하고 생각하고 있는데 도어가 활짝 열리면서 심부름꾼이 들어왔다. 극장에서 온 심부름꾼이었다.

"어이, 카루소. 빨리 와주게."하고 그 남자가 재촉했다. "오늘 나온 테너를 청중들이 원하지 않아. 카루소를 내놓으라고 모두 떠들어 댔어. 자네를 내놓으라고 야단이 났었어."

"나를 내놓으라니?"하고 카루소는 큰 소리로 말했다. "그런 바보 같은 이야기가 어디 있어? 청중들은 내 이름도 모르잖아."

"물론 모르지."하고 심부름꾼은 말했다. "하지만 자네를 내보내라고 했어. 저 '주정뱅이' 를 내보내라고 외쳤어."

카루소가 죽을 때 그는 백만장자가 되어 있었다. 레코드의 매상만으로 2백만 달러 이상 되었다. 그는 젊을 때의 빈곤한 생활을 잊지 않고 마지막 날까지 금전 지출을 자세히 수첩에 적고 있었다. 상당한 값이 나가는 상아조각이나 귀중한 레이스 등 온갖 골동품 수집을 좋아했는데 그 대금이라든지 심지어 보이에게 준 팁까지 남김없이 정확히 적혀 있었다.

그는 이탈리아 농민 특유의 미신을 여러 가지 믿었는데 최후의 날까지 예의 '악마의 눈' 이라는 것을 믿고 있었다. 그 눈을 가진 사람을 바라보면 재앙이 온다는 것이다. 배를 타고 대양을 건널 때는 반드시 미리 점쟁이를 찾아가 별점을 보았다. 세워져 있는 사다리 아래를 지나가면 인연이 나쁘다고 한다. 그는 사다리의 아래를 절대로 지나가지 않았다. 새로 맞춘 옷을 금요일에 입는 것도 하지 않는다. 여행에 나서든, 새로운 일을 시작하든 화요일과 금요일은 절대로 피했다.

신변은 언제나 청결했다. —이런 습벽이 너무 심해서 외출에서 돌아오면 반드시 옷을 바꿔 입었다. 내복까지 바꿔 입었다.

세계제일이라고 하는 귀중한 목소리를 가졌으면서도 담배만은 태평하게 피우고 있었다. 분장실에서 옷을 갈아입는 동안에도 담배를 놓지 않았다. "목소리에 방해가 되지 않습니까?" 하고 묻자 웃을 뿐이었다. 먹는 것이나 마시는 것은 전혀 신경을 쓰지 않았다. 오페라에 나올 때마다 등장하기 직전 위스키소다를 한 잔 가득 마셔서 목구멍을 씻었다.

10살에 학교를 그만두고 나서 거의 책은 읽지 않았다. "책을 읽을 필요가 없어요. 나는 인생 그 자체에서 배워요."라고 아내에게 말한 일도 있다.

책을 읽는 대신에 우표나 진귀한 화폐 수집에는 돈도 시간도 아끼지 않았다. 사람 얼굴을 만화로 그리는 재능은 천재적이어서 매주 이탈리아 주간지에 만화를 그리고 있었다.

그는 맹렬한 두통이 수년간 지속 되어서 너무나 아파 비명을 지른 적도 있었다. 정력이 왕성한 것은 놀라울 정도의 인물이었지만 나이를 먹음에 따라서 쇠퇴하여 점차로 혼자 조용히 서재에 박혀 있게 된다. 청중의 갈채도 그렇게 좋아하지 않게 되고 마침내 우울증에 걸린다. 몇 시간이나 혼자 틀어박혀 신문을 오려서 정중하게 풀을 발라 그것을 비망록에 붙이곤 했다.

태어난 고향은 나폴리였다. 하지만 처음 나폴리에서 출연했을 때 신문에는 악평이 나왔고 청중의 반응도 차가웠다. 카루소는 그 때의 원한을 영원히 잊지 않았다. 명성이 절정에 있을 때 몇 번이나 나폴리로 귀향했지만 나폴리에서 만큼은 오페라에 출연하지 않았다.

엔리코 카루소 Enrico Caruso (1873-1921)

이탈리아 국내는 물론 유럽 및 남아프리카에서 명성을 떨치고 마침내 뉴욕시의 메트로폴리탄 오페라 하우스에서 '리골레토'에 출연해서 '세기의 목소리'라고 칭찬 받은 것이 1903년. 이후 세계제일의 테너 가수로서 활약했다. 카루소 역시 어려운 역경을 기적으로 넘긴 사람이다. 자기가 가장 좋아하는 일을 위해 얼마나 노력했는지 잘 보여주는 예이다.

빈곤의 나락에서 수많은 백만장자를 만들어낸
앤드류 카네기

앤드류 카네기는 의사의 손을 빌리지 않고 조산원의 신세도 지지 않고 태어났다. 그런 것을 의지할 수 없을 정도로 가난한 세대였던 것이다. 처음 일하러 갔을 때 받은 임금이 한 시간 2센트―그것이 나중에 4억 달러의 자산을 만들었다.

카네기는 스코틀랜드 단팜무린이 고향이다. 그의 생가는 두 칸짜리의 작은 농가였다. 아버지는 직물공, 그는 지하에서 일하고 좁고 어둔 옥상 뒷방에서 일가가 잠자거나 취사까지 했다. 카네기 일가는 미국으로 이주하자 아버지는 스스로 짠 옷감을 행상하러 다녔다. 어머니는 세탁물을 받아오거나 구둣방 하청 일을 했다. 앤드류는 셔츠가 한 장밖에 없었다. 그러므로 매일 밤 앤드류가 잠에 든 뒤 어머니는 앤드류의 셔

츠를 세탁해서 아이론으로 말렸다. 매일 16시간이나 일하는 어머니를 앤드류는 뜨겁게 사랑해서 22세 때 '어머니가 있는 한 나는 언제까지나 결혼하지 않겠어요.' 하고 약속할 정도였다. 더구나 그는 그 약속을 정말로 지켰다. 결혼한 것은 그 말을 한지 30년이 지난 뒤, 어머니가 죽고 나서이다. 그의 나이 52세, 한 아이가 태어난 것은 62세 때였다.

그는 어릴 때부터 어머니에게 여러 차례 말했다.

"어머니, 난 언젠가 부자가 되어서 어머니한테 비단 드레스를 사드릴 거예요. 어머니에게 고용인을 채용해드리고 어머니 전용 마차를 타는 그런 신분으로 만들어 드릴 거예요."

사실, 그의 머리 속에는 어머니뿐이었다. '성공한 원동력도 어머니를 생각하는 기분이 있었기 때문이었다.'라고 여러 차례나 말하고 있다. 그 어머니가 죽자 그는 비탄에 빠진 나머지 15년간 어머니의 이름을 입에 올리지 않았다. 한번은 스코틀랜드에 있는 노파를 위하여 빚을 지불하고 저당권을 해제해준 일이 있다. 그 동기는 그저 그 노파가 죽은 어머니와 아주 닮아 있다는 이유뿐이었다.

앤드류 카네기는 강철왕으로 통하고 있지만 강철의 제조 등 강철에 대해서는 전혀 몰랐다. 하지만 그런 일을 잘 알고 있는 사람을 몇 백, 아니 몇 천이나 고용했고, 더구나 그 많은 사람을 잘 사용하는 길을 잘 알고 있었다. 그것이 억만장자의 부를 축적하는 비결이었다. 젊을 때부터 조직력이 발군이었고 지도력이 우수해서 사람을 사용하는 재능이 뛰어났다.

아직 스코틀랜드에 있던 소년시절의 이야기이다. 앤드류는 토끼를 한 마리 길렀는데 새끼를 가졌다. 곧 새끼가 몇 마리 태어났지만 그것을 기를 먹이가 없었다. '이거 곤란한데─.' 하고 생각하다가 이내 명안이 떠올랐다. 그는 근처의 놀이친구들에게 선언했다. "클로버 잎이나 민들레 잎을 따오지 않을래? 이 새끼 토끼를 기르는 거야. 그 대신 가져온 답례로 너희들의 이름을 이 토끼에게 붙여줄 테니까." 이 계획이 마법처럼 효과를 일으켰다고 한다.

나중에 기업가가 된 뒤에도 앤드류는 이 심리학을 이용했다. 예를 들면 펜실베이니아 철도에 강철제의 레일을 팔고 싶었다. 그 때 펜실베이니아 철도의 사장은 J 에드가 톰슨이었다. 앤드류 카네기는 피츠버그 시에 공장을 크게 건설해서 J 에드거 톰슨 제철소라고 이름을 붙였다. 당연히 톰슨은 아주 기뻐했다. 그뒤 자기 이름이 붙은 제철소에서 물건을 팔러 오자 그는 손쉽게 레일을 샀다. 그다지 수고를 끼치지 않고 물건을 팔 수 있었던 것이다.

카네기는 젊을 때 피츠버그 시에서 전보배달부를 한 적이 있었다. 월급은 약 50센트, 그것은 그에게는 큰돈이었다. 하지만 지리를 잘 모르는 사람은 언제 목이 잘릴지도 모른다. 그래서 시의 상업 지역에 있는 회사의 이름과 소재지를 한쪽 끝부터 암기했다. 그러는 한편 어떻게 하든 전신기사가 되고 싶었다. 그래서 매일 밤늦게까지 전신공부를 하면서 아침이면 일찍 전신국에 나가서 키를 두드리면서 연습했다.

어느 날 아침의 일이었다. 필라델피아에서 피츠버그로 계속해서 따닥따닥 전신이 걸려왔다. 그러나 당직 기사는 아직 나오지 않았다. 그래서 앤드류 카네기가 뛰어가서 수신하여 스스로 그것을 배달하고 다녔다. 그뒤 바로 전신기사로 뛰어올라 급여가 2배가 되었다.

어쨌든 언제나 가슴에 큰 뜻을 불태우면서 정열을 갖고 일했기 때문에 금방 눈을 뜬 것이다. 이윽고 펜실베이니아 철도가 독자적으로 전신을 설치하게 되자 카네기는 전신기사로 채용된다. 이윽고 전신과 주임 겸 사설비서로 발탁되었다.

어느 날 우연히 만난 사소한 일에서 카네기는 억만장자로의 길을 걷게 된다. 기차 속에서 곁에 앉아 있던 손님이 발명가로 "이것이 내가 발명한 신식 침대차의 모형입니다."하고 보여주었던 것이다. 그 당시의 침대차라는 것은 화차의 양쪽에 조악한 침대를 못으로 붙인 정도였는데 보여준 모형은 현대의 침대차에 거의 가까웠다. 카네기는 스코틀랜드인의 피를 받아 예리하면서도 식견이 밝았다. 이 발명은 '멋지다. 틀림없이 성공한다.' 라고 느꼈다. 그래서 돈을 빌려서 신식침대차를 제조하는 회사의 주식을 사자 배당이 금방 높아졌다. 카네기가 25세 때 이 투자에서 배당 받은 연수는 5천 달러에 달했다.

어느 때, 철도가 지나는 나무다리가 불에 타서 여러 날 동안 철도가 불통되었다. 그때 카네기는 전신과(電信課)의 총주임이었는데 '목조다리는 이제 안 된다. 이제부터는 철교 시대다.' 하고 그는 장래를 꿰뚫어 보았다. 그래서 빚을 내서 회사를 일으켜 철교 제조를 시작하자마자 금방 눈이 돌 정도로 이익이 계속 늘어났다.

　신화속의 미다스 왕은 접촉하는 것마다 무엇이든 금으로 변하는 힘을 신한테서 받았다고 하는데 앤드류 카네기도 미다스 왕처럼 하는 일마다 적중했다. 행운이 멋지게 찾아온 것이다. 친구 몇 명과 공동으로 펜실베이니아 주 서부의 유전 한가운데 농장을 4만 달러로 사두자 1년 사이에 그것이 백만 달러가 되었다. 27세 때는 1주일 당 1천 달러의 수입이 있었다고 한다. 그것이 15년 전은 일급 27센트로 일하고 있던 남자의 이야기이다.

　이윽고 1862년이 되었다. 대통령은 링컨. 남북전쟁 중이었다. 물가는 점점 올라갔다. 대사건이 계속해서 터졌다. 서부개척이 진행해서 미시시피강의 저쪽까지 개발되었다. 이렇게 되자 대륙횡단철도가 절대로 필요했다. 각지에 차례차례 도시가 발전했다. 놀라운 신시대에 발을 들여놓자 미국 전토는 흥분하고 있었다.

　그리고 앤드류 카네기는 제강로에서 불과 연기를 찬란히 피우면서 번영의 파도를 타고 끝없이 나아가 인류 역사에 전례 없는 거대한 부를 축적했다. 그러나 그는 부단한 노력을 계속하는 타입이 아니라 반은 게으른 편이었다. "내 주변에는 나보다 훨씬 머리가 좋은 조수들이 얼마든지 있지요." 하고 그는 자주 말했다. 그 유능한 조수들을 힐책하거나 격려해서 제각각 거대한 재산을 만든 것이다. 다만 스코틀랜드인답게 인색한 면도 있었지만 결코 도를 넘은 적은 없었다. 협력자에게도 점점 이득을 주었다. 그만큼 다수의 백만장자를 만들어낸 인물은 그밖에 없을 것이다.

그는 생애 동안 통틀어 4년밖에 학교를 다니지 않았지만 여행기, 전기, 수필, 경제 등 저작은 8책이나 된다. 공공도서관에 기부한 돈은 합계 6천만 달러. 교육제도개선을 위하여 기부한 금액도 합계 7천 8백만 달러에 이른다.

그는 스코틀랜드의 민중시인 로버트 번스의 시는 모두 암송하고 있었고, 세익스피어의 〈맥베스〉나 〈햄릿〉, 그리고 〈리어왕〉이나 〈로미오와 줄리엣〉, 〈베니스의 상인〉도 전편 꿰고 있었다.

교회의 신도는 아니었지만 각지의 교회에 기부한 파이프 올갠은 7천대가 넘는다. 그가 일생동안 각 방면에 기부한 금액은 모두 3억 6천 5백만 달러, 즉 매일 백만 달러씩 1년간 계속 기부한 것이 된다. 카네기는 그의 부를 어떻게 사용하는 것이 가장 현명한지 상금을 걸고 명안콘테스트를 개최한 신문사조차 여러 사가 된다. 카네기 자신, 돈을 남기고 죽는 것은 수치스러운 일이라고 공언하고 있었기 때문이다.

포커스 (focus)

앤드류 카네기 Andrew Carnegie (1835-1919)

미국 제철업을 세계의 톱에 올려놓는데 최대의 공헌을 한 것은 카네기라는 것이 정설. 1919년 마사츄세츠주에서 죽었다. 너무나 유명해서 덧붙일 필요가 없는 인물이 아닌가 생각한다. 어머니가 고생한 그 모습 때문에 성공했다는 그 말이 가슴에 와 닿는다. 어렸을 때 받은 자극이 평생을 지배한 것이 아닐까?

종이 한 장에 감동해서 세계적 대문호가 된
마크 트웨인

미국에서 태어난 유명 인물의 한 사람으로서 그의 생애는 헐리웃에서 영화화되었다. 그 제작비가 물경 2백만 달러였다고 한다. 어쨌든 당대 유명한 대작가였고, 더구나 가장 넓게 읽힌 유머리스트이기도 했다.

그가 다녔던 학교는 통나무집이었다. 학교에 다닌 것은 12세까지로 정식적인 교육은 나중에도 전에도 그것이 전부였다. 그러나 옥스퍼드대학과 예일대학에서 명예박사의 칭호를 받았고 세계 각국의 일류 학자와 교제가 있었다. 저작으로부터의 수입은 수백만 달러. 사실, 펜 한 개로 이만큼 벌어들인 작가는 우선은 그밖에 없는 것 같다. 죽고 나서 이미 수십 년이 지났지만 인세랑 영화화, 라디오방송권이랑 그의 유산은 지금도 황금의 홍수를 이루고 있다.

이 작가의 본명은 사무엘 클레멘스라고 한다. 세계에 알려진 그의 펜 네임은 마크 트웨인이다.

그의 생애는 그대로 하나의 대 모험이었다. 첫째로 그는 미국 사상 가장 빛나던 시대에 태어났다. 1835년 미주리주 플로리다의 미시시피강 가까운 시골마을이었다. 미국 최초의 철도가 개통한지 아직 7년도 안 되었고, 나중에 대통령이 되는 링컨도 아직 맨발인 채로 소를 몰며 들일을 하고 있던 때였다.

마크 트웨인은 75년간이나 활기찬 생활을 보내고 1910년에 죽었다. 작품은 모두 23권. ―그 중에는 잊혀진 것도 있지만 <허클베리 핀의 모험>과 <톰소여의 모험> 이 두 책은 아마 불후의 명작이라고 할 수 있을 것이다. 앞으로 몇 백 년이 흘러도 그 세대에 어린이들이 있는 한 언제까지나 애독될 것이다. 이 두 책 모두 자기 경험을 토대로 해서 썼다. 아니 썼다기보다 그 자신의 모험에서 튀어나온 것이다.

마크 트웨인은 미주리주 플로리다의 대략 두 칸의 좁은 집에서 태어났다. 어릴 때 살고 있던 집은 현대의 농부라면 외양간이나 닭장조차로도 사용하지 못할 정도였다. 그곳에서 일가 7인과 노예 한 사람이 살았던 것이다. 태어났을 때는 지독히 허약해서 도저히 그해 겨울을 넘기지 못할 거라고 했다고 한다. 그런데 점점 자라면서 문제아가 된다. 그는 나중에 낳은 아이들 6명보다 손길이 더 갔다고 어머니는 말했다. 어쨌든 언제나 장난만 치고 이상하게 학교 가는 걸 싫어해서 자주 도망쳐왔다. 도망쳐오면 반드시 미시시피강으로 갔다. 여기저기 신비한 작은 섬이 있고, 웅대한 물결의 흐름은 대양을 눈부시게 받으면서 크게 누워간다—그 휘황찬란한 미시시피강에 그는 혼을 빼앗겼다. 강변에 누워서 몇 시간이나 강을 바라보며 공상에 빠진다. 익사할 뻔한 일도 9번이나 있었다. 하지만 인디언놀이나, 해적놀이를 하거나, 동굴을 탐험하거나, 갈매기의 고기를 구어 먹거나, 배를 타고 아래로 내려가거나 하는 놀이 생활을 하고 있는 중에 그는 귀중한 경험을 쌓는다. 나중에 그때의 경험에서 불후의 명작 두 편이 태어난 것이다.

마크 트웨인의 천재적인 유머는 어머니와 닮은꼴이었다. 아버지 쪽은 웃는 얼굴을 보인 적이 없다고 하지만 어머니에 대해서는 "나의 어머니는 언제나 유머러스하게 말하면서 그 유머에 산뜻한 기분을 잡을 수 없을 것 같은 얼굴을 하고 있었다. 이런 것은 남자도 아주 적지만 여자에게는 절대로 없는 일종의 재능이다."라고 말하고 있다. 그 어머니 물림인 유머 재능으로 마크 트웨인의 강연은 전례가 없을 정도로 유머러스했다. 덕분에 그는 강연료로도 막대한 수입이 있었다. 이야기는 그렇지만 그 어머니는 상당히 마음이 상냥한 사람으로 파리 한 마리 죽인 적이 없고 고양이가 쥐를 물어죽이면 그 고양이에게 벌을 주었던 것이다. 한번은 새끼고양이가 여러 마리나 태어나서 하는 수 없이 물에 빠져 익사시킨 적이 있다. 그때 편안히 죽도록 하라고 물을 데워서 빠뜨린 적이 있을 정도였다.

소년 마크 트웨인은 언제나 학교를 경시하고 있었다. 학교는 나의 자유를 빼앗는 곳이고 숲속을 돌아다니고 싶다, 미시시피강변을 탐험하고 싶다는 그런 희망을 불태우고 있었기 때문에 통나무학교 속에 나를 가둬 두려고 한다고 불평을 말했던 것이다. 학교란 그런 곳이라는 것이었다.

12살 때 아버지가 죽자 생활이 어려워져서 마침내 학교에서 도망쳐 나올 기회를 잡았다. 아버지가 영원히 돌아오지 않는다고 깨닫자 그는 이제까지 제멋대로 생활했던 자신을 후회했다. "나는 언제나 아버지에게 반항만하고 아버지 말씀을 들은 적이 없어. 그 생각만 하면 지금 후회된다. 아, 나는 나쁜 놈이다."라고 말하면서 눈물을 뚝뚝 흘렸다.

어머니는 그것을 보고 이렇게 말하며 위로했다. "지나간 일은 이미 어쩔 수 없단다. 이제는 어떻게 해도 아버지가 알 수 없어. 그것보다는 확실히 약속해라. 이제부터는 결코…."

"난 어떤 약속이라도 할게요, 어머니."하고 마크는 슬피 울었다. "다시 학교에 가라면 갈게요. 난 무엇이라도 약속해요."

그 2, 3일 뒤 마크 트웨인은 인쇄소로 일하러 갔다. 인쇄소 일을 하다 보면 학교공부 대신이 될 것이라고 어머니는 생각했던 것이다. 최초 2년간은 먹는 것과 입는 것만 받고 급여는 1센트도 받지 않았다.

인쇄소에 근무한지 2년이 지난 어느 날 오후, 마크 트웨인이 미주리주 한니발의 거리를 걷고 있으려니까 종이가 한 장 바람을 따라 길바닥에 날아다니고 있었다. 주워보니 책에서 떨어진 한 쪽이었다.

아무것도 아닌 쪽지였지만 이 주은 종이쪽지 한 장이 아마 마크 트웨인의 생애에는 최대사건이 될 것이다. 종이쪽지는 저 유명한 오를레앙

의 소녀 잔 다크전의 한 장으로 잔 다크가 체포되어서 루앙의 성에 유
폐된 것이 써 있었다. 이런 지독한 이야기가 있는가. 14세의 마크 트웨
인은 분개하며 흥분했다. 하지만 잔 다크란 무엇인지 그는 아무것도 몰
랐다. 이름조차도 몰랐던 것이다. 하지만 그때부터 그는 잔 다크의 이야
기를 쓴 책을 찾아서 점점 읽게 되었고, 잔 다크의 일생에 대한 그의 관
심은 계속 불타서 반생을 넘는다. 46년 뒤 그는 마침내 <잔 다크의 회상
>을 썼다. 비평가들은 이것이 그의 최대작은 아니라고 하지만 스스로
는 최대의 걸작이라고 믿고 있었다. 그 때 그는 유머작가로 통하고 있
었으므로 마크 트웨인의 이름으로 출판되면 이 책도 유머문학이라고
평가할 것 같았다. 그래서 마크 트웨인의 이름으로 출판하지 않는다.

작가 알버트 피게로우 페인은 4권에 이르는 마크 트웨인 전기를 쓰
고 있는데 그 중에서 이렇게 쓰고 있다.– '우연히 잔 다크전의 한 페이
지를 손에 든 것이 계기가 되어서 마크 트웨인은 역사에 대한 흥미와
정열에 불타오른 적이 있는데 이 정열이야말로 그의 지성의 최대의 특
징으로 최후의 날까지 사라진 적이 없었다. 바람에 불려 날아온 그 종
이쪽지를 손에 든 순간, 우수한 지성인으로서의 그의 전도는 확립되었
다.'

하지만 실무의 재능은 캔사스주의 산토끼만큼이나 눈이 뜨이지 않
아 사업은 엉망이었다. 예를 들면, 어느 때 책을 읽고서 얻은 지식으로
아마존강 상류의 정글에서 코코아를 사모아서 파는 일을 하고 싶다는
생각을 한 적이 있었다. 코코아에 대한 것은 전혀 모른 채 겨우 남아메

리카로 갈 여비만 가지고 아마존 강 상류까지 갔을 때 원주민과 이야기도 할 수 없었다. 열병에 걸려 죽을 정도가 되었을 때였다. 어느 날 마치 거짓말처럼 거리에서 50달러짜리 지폐 한 장을 주웠다. 그 50달러를 갖고 아마존강으로 갔는데 결국은 신시나티에서 체념하고 돌아왔다. 돈이 떨어졌기 때문이었다.

말년에 그는 작품의 인세나 강연료로 막대한 수입을 벌었는데 그것을 뭔가에 투자하려고 꼭 고집했다. 구체적인 예를 열거해보면 특허를 얻은 증기식 발전기에 투자하자 멋지게 발전하지 않는다. 시계회사에 투자하자 한번도 배당을 받지 못하는 동안 회사 자체가 문을 닫아 버린다. 증기식 활차에도 투자해서 실패했다. 출판사를 시작하자 금방 망해서 부채가 16만 달러. 활자를 기계로 식자한다는 회사에도 거액을 투자했지만 그것으로도 약 20만 달러를 손해 보았다.

그러던 중에 어느 날 청년발명가 알렉산더 그레이엄 벨이라는 남자를 만나자 "전화라는 최신식 발명품이 있는데 어떻습니까. 여기에 투자하십시오."하고 열심히 설득 당했다. 그 이야기가 사실이 되면 자택에 있으면서 실 같은 가는 전선 하나로 5블럭 떨어진 사람과 이야기할 수 있다고 한다. 마크 트웨인은 웃어버렸다. "나는 바보일지 모르지만 큰 바보는 아니다. 흥, 전선 하나로 5블럭 떨어진 사람과 이야기를 할 수 있다고? 도저히 믿을 수 없는 이야기다!"

만일 그때 5백 달러를 내고 전화회사 주식을 사두었더라면 현재는 몇 천만 달러가 되어 있을지도 모른다. 그런데 그는 전화회사에 투자하

지 않고 어떤 친구에게 5백 달러를 빌려 주었다. 3일이 지나자 그 친구
는 파산해 버렸다.

1893년 58세 일 때 마크 트웨인은 거액의 부채로 고개를 돌릴 수 없
을 상태가 되었다. 더구나 미국 전국이 불황에 빠져 허덕이는데다 그
자신도 병으로 고민하고 있을 때였다. 어떻게 빚을 갚을까? 그 일만 생
각했다. 계속 쓰는 한편, 세계각지를 강연하고 돌아다녔다. 병이 든 데
다 본래 강연은 아주 싫어하는 편이었지만 5개년 동안 빚 반제를 위하
여 강연여행을 돌아다녔다. 결과는 멋지게 대성공이었다. 아무리 넓은
회의장을 사용해도 청중이 가득 넘쳤다. 마침내 최후의 1센트까지 깨
끗이 청산하고 끝냈을 때 마크 트웨인은 이렇게 쓰고 있다

'이것으로 무거운 짐을 전부 밀어냈다. 고생이 없어져서 실로 기분
좋다. 그러나 일을 하는 게 즐겁게 되었다. 이제 일이 일이 아니게 되어
버렸다.'

그러나 그런 실무 면보다 가정생활 면에서 그는 훨씬 행운아였다. 아
내가 될 여성을 만나기 훨씬 전에 그는 그 여성의 사진을 보고 한눈에
사랑에 빠졌던 것이다. 그것은 성지 팔레스티나로 가는 배 여행을 할
때의 일이었다. 그 여행 뒤에 '이노센트 어 블로드'가 된다.

확실히 운명의 날이라고 말할 수 있을 것이다. 어느 날 같은 승객 찰
스 랑그돈의 선실로 갔을 때 랑그돈의 동생 초상이 있었다. 미인 올리
비아 랑그돈의 작은 초상이었다. 첫눈에 보자마자 핑 왔다. '이 여성이
야말로 나에게 딱 맞는 여성이다.' 그래서 항해 중 몇 번이나 랑그돈의

선실로 가서 올리비아의 초상을 경건한 눈으로 바라보고 있었는데 볼 때마다 이 사람밖에 없다는 기분이 점점 솟아오를 뿐이었다.

2, 3개월 뒤 뉴욕으로 돌아와서 마크 트웨인은 만찬에 초대되어 처음으로 올리비아를 만났다. 그는 만년에 이렇게 쓰고 있다.

'처음 만난 날부터 지금까지 올리비아의 일이 머리를 떠난 적이 한 번도 없다.'

이윽고 헤어져 돌아갈 때가 되었지만 그는 아무래도 돌아가고 싶지 않았다. 그래서 랑그돈집의 집사에게 도움을 청해서 '마차의 좌석 걸이가 갑자기 떨어져서 땅에 던져진 것처럼 일을 꾸며주게.' 하고 부탁했다. 이윽고 구두를 신고 악수를 하고 마차에 올라 헤어지는 손을 흔들 때 마차꾼이 갑자기 한쪽 끈을 당기자 말은 크게 뛰었다. 그러자 마자 뒷좌석이 갑자기 튕겨져서 눈 깜짝할 사이에 마크 트웨인은 계획대로 땅에·던져졌다.

양쪽 눈이 모두 감겨져 있었다. 어쩌면 실신한 것처럼 보였다. '아, 큰일났다.'고 일가는 총출동해서 그를 포옹하여 일으킨다. 다시 집안으로 데려가서 침대에 누이고 그로부터 2주간 그는 침대에 누운 채 일어나지 않았다. 실은 아무 데도 이상이 없었던 것이다. 마차에서 떨어진 것은 어린아이 때 고향 미주리주 한니발에서 기억해낸 테크닉을 사용한 것뿐이었다. 하지만 어쨌든 침대에 누워서 온순하게 연인 올리비아의 간호를 받았다. 올리비아는 그를 '저, 당신' 하고 부른다. 그는 올리비아를 '저, 리비' 하고 부른다. 34년이 지나 올리비아가 죽을 때까지 두 사람은 언제나 '저 당신'이고 '저, 리비'였다. 올리비아는 그한테서 받은 러브레터를 상자에 넣고 언제나 중요하게 여기고 있었다. 매년 휴양을 갈 때는 반드시 그 상자를 은행에 예치 보관시켰다고 한다.

올리비아는 남편이 쓴 원고를 모두 눈으로 확인했다. 그 날 쓴 원고를 잠자기 전 아내의 베개머리에 놓아둔다. 그것을 올리비아가 자기 전에 읽는 것이다. 그녀는 남편이 쓴 원고에서 하급인 말은 남김없이 잘라내고 군더더기 없는 완전한 문장으로 만들었다. 어떻게 손질을 받든 그는 언제나 말없이 그것을 따랐다.

마크 트웨인은 원고를 잃어버리거나 놓아둔 곳을 잊는 것을 극도로 두려워했다. 그래서 데스크 위에는 결코 하녀를 청소시키지 않았다. 바닥에 분필로 선을 긋고 하녀가 그 선 안에 들어가는 것을 금지했다.

그는 71세가 되자 그 나이에 무엇을 하면 좋을까 하는 기분이 되었다. 흰 양복을 십여 벌 싸고 흰 넥타이도 백 개 만들었다. 그리고 최후의 날까지 머리정상부터 발끝까지 흰 것을 둘렀다. 예복까지 흰옷을 한 벌 갖고 있었다.

마크 트웨인이 태어난 1835년은 유명한 할레혜성이 모습을 보였다. 할레혜성은 76년마다 모습을 보인다. 그래서 그는 다시 한 번 할레혜성이 볼 수 있을 때까지 꼭 살고 싶다고 소원했는데 그 소원이 실현되었다. 1910년 그가 죽은 밤 할레혜성은 다시 하늘을 빛내주었다. 내가 죽을 때는 아주 좋은 옛 스코틀랜드 민요를 아들인 스지가 노래하기를 바랐다. ―그것을 그의 최후의 바람으로 삼고 있었다.

그러나 불행히도 이 소원은 실현하지 못하고 그는 스지를 먼저 보냈다. 마크 트웨인은 스지의 묘에 다음의 4행 시구를 조각했다. 그를 사랑하는 미국 국민이 마크 트웨인 자신의 묘에 새겨도 좋은 4행시가 아니었을까?

따뜻한 여름의 빛이여, 부드럽게 이 묘지를 비추어라.

따뜻한 남풍이여, 부드럽게 이 묘지를 불어라.

푸른 풀들이여 가볍게, 경쾌하게 자라라.

안녕, 사랑하는 나의 아들아, 안녕, 안녕,

포커스 (focus)

마크 트웨인 Mark Twain (1835-1910)

대 유머리스트인 마크 트웨인은 유쾌한 명언을 여러 개 남겼다. 예를 들면, '세상의 바보에게 감사하며 살아가자. 우리들이 무엇을 먹고 있다는 것은 그들의 덕분이다.' 등. 마크 트웨인의 삶 속에서 우리는 자기가 좋아하는 일과, 자기가 할 수 있는 일이 다르다는 것을 정확히 알 수 있다. 좋아하는 일은 성공을 가져다주지만 자기가 할 수 있다고 생각하는 일들은 실패를 가져온다.

세계 제일의 고층빌딩을 세운
프랭크 울워드

수십 년 전의 일이다. 뉴욕주 워터톤 근처에 지독히 가난한 남자가 있었다. 일 년의 반은 맨발로 지낼 정도로 가난해서 한 겨울에도 오버 코트가 없이 살았다. 그런 것을 살 돈이 없었던 것이다.

하지만 그 가난이 결국은 상당히 도움이 되었다. 가난한 덕분에 '좋다. 이제 보아라.' 라는 격렬한 의욕이 불타올랐던 것이다. 밭일이 싫어서 상점을 내고 싶다고 생각하고 있었다. 그래서 21세 때 늙어빠진 말에 썰매를 달아 뉴욕주 가제의 마을로 나왔다. 상점을 한 집 한 집 돌며 직장을 찾았지만 고용해주는 상점이 한 집도 없었다. 산골출신의 얼뜨기이다. 깨끗이 머리를 자르고 흰 칼라를 붙인 넥타이를 하고 나간다. 그것밖에 지혜도 없었다.

간신히 어떤 철도의 역원을 만났다. 이 남자는 부업으로 이름만의 상점을 내고 있었다. 화물창고에 식료품을 사입해 두는 식이었다. 그곳에서 고용은 해주었지만 급여는 주지 않았다. 경험을 위해 공짜로 일해준 것이다.

얼마 안 있어 살고 있는 곳 가까운 상점에 일자리를 찾았지만 손님 상대는 시켜 주지 않았다. 21세나 되었지만 안심하고 손님 앞에 나서게 할 만큼의 머리가 없다고 고용주는 그렇게 생각한 듯하다. "아침 일찍 상점에 와서 불을 피워라. 그리고 상점을 청소하거나 창을 닦거나 물품을 정리하거나 하라. 손님이 서성거릴 때만 손님의 상대가 되어준다. 하지만 최초의 6개월 동안은 급여를 주지 않는다."는 것이었다. 그래서 이렇게 대답했다.

"나는 머슴으로 10년간 거우 50달러를 저축했습니다. 돈이라곤 그 것뿐인데 처음 3개월은 어떻게든 먹고 지내겠습니다. 그러나 4개월부터는 하루에 50센트씩 주십시오."

좋다고 해서 일을 시작했다. 마침내 하루에 50센트를 받을 단계가 되자 하루에 15시간이나 일했다. 계산해보니 시간당 3센트였다.

그뒤 주급 10달러를 받는 다른 상점으로 옮겼는데 밤에는 베개 아래에 피스톨을 놓고 지하실에서 자지 않으면 안 되었다. 도둑들 때문이었다. 그런데다가 살아가기도 만만치 않았다. "이 미련한 놈, 급여를 깎아야 해. 목을 자를 거야."하는 큰소리를 맨 날 들어야 했다. 마치 노예 같았다. 도저히 안 되겠다고 깨닫고 원래의 농장으로 돌아갔는데 1년 만에 노이로제로 아무 일도 할 수 없었다.

이것이 프랭크 울워드의 청년시대였다. 생각해보라. 나중에 지상최대의 소매업자가 되는 남자가 '나는 도저히 장사는 안 된다.' 고 절망해서 양계를 시작한 것이다.

어느 날 뜻밖에도 전 고용주가 일자리가 있는데 오지 않겠느냐고 연락이 왔다. 그것이 지금부터 90년 전의 3월, 지독히 추운 날로 땅에는 3피트나 눈이 쌓여 있었다. 바로 아버지가 감자를 시장에 팔러 가는 날이었기 때문에 썰매에 쌓아놓은 감자 부대에 걸터앉아 뉴욕주 워터톤으로 갔다. 프랭크 울워드는 이것을 스타트로 해서 꿈에도 생각지 않았던 재산과 권력의 자리로 걸어가게 된다.

그가 성공한 비결은 무엇일까? 하나의 독창적인 아이디어를 잡았다. 오직 그것뿐이었다. 그는 3백 달러의 돈을 빌려서 균일 5센트 상점을 최초로 냈다. 처음에는 뉴욕주 유티카점을 냈는데 완전히 실패했다. 매상이 2달러 50센트가 되지 않는 날도 있었다. 그래서 다시 4개 곳을 냈는데 3곳은 실패였다. 하지만 빚을 늘리는 것은 곤란했다. 그래도 당황하지 않고 서서히 확장해갈 방침으로 개업하고 나서 10년간 약 12점밖에 내지 않았다.

마침내 미국 일류의 대자산가로 올라 그 당시 세계제일의 고층빌딩을 건설했다. 그것이 유명한 뉴욕시의 울워드 빌딩이다. 건축비 1천 4백만 달러는 현금으로 지불했다. 자신의 저택에는 시가 10만 달러의 파이프 올갠을 설치했다. 나폴레옹 유품의 콜렉션을 시작했다.

그 옛날 그가 아직 빈곤한 청년으로 몇 번이나 실패를 거듭해서 전혀 자신을 잃었을 때 어머니가 찾아와서는 그를 포옹하고 말했던 것이다.

– '절망해서는 안돼. 언젠가는 부자가 될 테니까.'

프랭크 윈필드 울워드 Frank Winfield Woolworth (1852~1919)

균일 5센트 상점은 울워드의 독창은 아니다. 그런 상점이 뉴욕시에 있다고 듣고 스폰서를 움직인 것이다. 전상점을 프랭크 울워드회사에 통합한 것이 1912년, 합중국 및 캐나다에 걸쳐 점포수 1천점이 넘는다. 울워드 빌딩은 60층, 높이 8백 피트. 그는 빌딩이 완성된 1919년에 죽었다. 울워드의 성공은 아이디어의 성공이다. 그러나 그것은 거저 생긴 것이 아니다. 지나온 경험과 고통이 만들어낸 것을 잊어서는 안 된다.

전 세계에 담배 제국을 세운
도리스 듀크

세계제일의 돈을 가진 도리스 듀크. 그녀 개인의 재산은 물경 5천 3백만 달러. '저 불쌍한 돈 많은 아가씨' 라는 말을 들었던 여인이다. 어디로 가더라도 혼자 있을 수 없었기 때문이다. 언제나 신문기자나 카메라맨이 줄기차게 따라다닌다. 모자를 하나 사도 경호인 2, 3인이 반드시 따라온다. 진짜 피스톨을 휴대하고 경계를 담당하는 것이다.

아주 넓은 집을 다섯 곳이나 갖고 있다. 미국에 4개 곳, 프랑스령 리비에라에 한 곳이다. 뉴저지주 서머빌에 있는 면적 5천 에이커에는 넓은 풀밭이 여러 곳 있고, 빛나는 호수가 있고, 끝없이 펼쳐진 샤크나게의 꽃 속에 녹색 건물이 우뚝 솟아 있다. 미국 동부의 명소 중 하나이다.

그 돈 많은 아가씨가 결혼식 일주일 전 플로리다주의 번화가 팜비치에 모습을 나타냈을 때 입고 있던 수영복은 물경 3년 전부터 입은 낡은 것이었다. 셀 수 없을 정도의 재산을 가지고서도 "결혼식 무대는 불게 불타오르는 난로 앞이 제일입니다."라고 말한 여인이었다.

도리스 듀크에게 이만큼 재산을 남긴 부모는 도대체 어떻게 그 부를 쌓았을까? 실은 모두 담배에서 생긴 것이다. 담배 연기가 가져온 것이다.

담배왕이라고 불리는 듀크가의 이야기를 하려면 남북전쟁이 끝날 때로 거슬러 올라가게 된다. 싸움에 패한 남부는 참담한 시대였다. 이르는 곳마다 군대에 유린되고 밭은 황폐하여 작물은 없고 글자그대로 도탄에 빠져 있었다. 밤과 목화씨를 끓여서 커피대신으로 먹었다. 산딸기의 잎과 사사프라스 뿌리를 끓여서 홍차를 대용했다. 베이컨의 기름이 스며든 훈제방의 흙을 캐서 끓여 소금을 취하는 그런 상태였다. 도리스 듀크의 할아버지 워싱턴 듀크도 남군의 명장 리 장군을 따라 리치몬드에서 싸우고 포로가 되어서 저 악명 높은 리비 감옥에서 고생했다. 이윽고 리장군이 적에게 항복하여 전쟁은 끝나고 할아버지는 노스캐롤라이나주 다람의 고향으로 돌아왔다.

남군정부에서 하사된 당나귀 두 마리는 늙고 병들어 눈이 보이지 않았다. 남군정부 발행의 5달러 지폐도 한 장 있었는데 이것을 북군 병사에게 부탁하여 반 달러 은화로 교환했다. 남부의 화폐는 그 정도로 하락했던 것이다. 은화로 50센트, 장님 당나귀 두 마리, 마구가 약간, 거기에 엄마 없는 아이들 둘. 그것으로 앞길을 개척하지 않으면 안 되었다.

어디를 가나 남북양군에게 유린되었다. 병사들도 배를 굶고 있으니까 밭의 것은 뭐라도 뿌리까지 캐어냈다. 먹을 수 있는 물건은 어디에도 없었다. 밭에 푸른 것이 남아 있는 것은 담배뿐이었다. 그래서 백(부캐넌)과 벤 두 자식과 함께 담배잎을 잘라서 건조시켜 비코리의 방망이로 잘 두드려 자루에 채워 마차에 쌓았다. 그것을 두 마리의 당나귀—그것도 눈이 보이지 않는 당나귀를 끌고 일단 싸우자고 생각하며 떠났다. 결국 멋지게 싸움에서 이겨서 담배계를 정복하게 된다. 이윽고 전 세계에 걸친 일대 담배제국을 건설한다.

두 마리의 당나귀를 끌고 찾아간 곳은 노스캐롤라이나주의 북부, 담배가 거의 없는 땅이었다. 갖고 간 담배를 베이컨이나 목화와 교환했다. 날이 저물면 길바닥에서 야숙했다. 베이컨과 감자를 프라이해서 먹으면서 별 아래에서 잠을 잤다. 그러나 담배의 재배보다는 이쪽이 훨씬 재미있었다. 그래서 담배 판매를 직업으로 하려고 결심한다.

그러나 시간이 흐르자 경쟁이 점점 격화되었다. 파이프 담배를 제조하는 회사가 몇 백 개나 생긴 것이다. 자본이 많이 있는 유력한 회사들이다. 이렇게 되면 지금 뭔가 바꾸지 않으면 안 된다고 생각한 것이 도리스 듀크의 아버지 제임스 캐넌 듀크였다. 머리를 짜내 생각한 결과, 만들어낸 아이디어로 수천만 달러나 벌어들이게 된다. 권련제조를 시작한 것이다. '흥, 권련이야. 그게 무슨 아이디어라고.' 지금 사람들은 생각할 것이다.

어쨌든 현재는 누구나 권련을 핀다. 그런데 그 권련이 1881년에는 혁명적 신제품이었던 것이다. 러시아인이나 터키인은 그 몇 세대 이전부터 권련을 피우고 있었고, 영국에서도 크리미아전쟁에서 돌아온 군대가 권련을 도입했다. 하지만 전 세계에 연초를 공급하는 미국에서 권련초가 시작된 것은 1867년이 최초였던 것이다.

제임스 뷰캐넌 듀크가 권련초의 제조를 시작한 것은 물론 수작업이었다. 그뒤 담배 마는 기계를 연구해서 하루 작업량이 2천 5백 개에서 백만 개로 향상했다. 권련을 종이상자에 채우는 기계를 발명한 것이 그였다. 옛날 있었던 '메카'나 '자이라' '스위트 캐포랄' '타키슈 트로피' 그런 권련을 기억하고 있는 사람도 있겠지만 압축식 저 종이상자를 디자인한 것도 제임스 듀크였다.

장사는 크게 번창하였다. 이윽고 정부가 연초의 세금을 내리자 그는 가격을 반액으로 내려서 한 상자에 5센트짜리 권련을 대대적으로 매출하면서 경쟁상대를 도산하게 만들었다. 점차로 정복해야할 신세계를 찾아 나섰다. 약관 25세의 젊은 나이에 뉴욕으로 나와서 신공장 건설에 뛰어들었다. 그는 언제나 마음 밑바닥에서 자주 맹세했다. '제임스 D 록펠러는 석유로 저 만큼의 부를 만들었다. 나도 담배로 저 정도는 할 수 있다.'

얻은 이익은 모두 사업에 투입했다. 년수 5만 달러가 되어도 바와리 거리의 싸구려 방에서 살았다. 차를 팔러오는 세일즈맨에게 식대를 내게 만들 정도였다. 한 끼 식사에 50센트 이상은 쓰지 않는다고 하면서도 세계각지에 대리점을 내었다. 아침 일찍부터 밤늦게까지 공장에서 열심히 일했다. 원료에서 제품이 멋지게 상자에 채워지기까지 온갖 단계를 엄중히 감독했다.

죽을 때의 유산이 물경 1억하고도 1백만 달러. '세상에서 나만한 백만장자를 뽑는다면 미국 안에는 없다.'라는 것이 그의 자랑이었다. 그는 겨우 4년인가 5년밖에 학교에 다니지 않았다. 언젠가 이렇게 말한 적이 있다. "교사나 변호사가 되려면 대학교육도 좋지만 나에게는 아무런 부족함이 없다. 장사하는데 영리한 머리는 그렇게 필요하지 않으니까."

그가 성공한 비결은 무엇일까? 그 답을 그의 말에서 인용하자. "내가 사업에 성공한 것은 보통 사람보다 수완이 있기 때문이 아니다. 보통 사람보다 열심히 일했기 때문이다. 나보다 머리가 좋은 녀석들이 실패한 경우는 얼마든지 있다. 모두 열심이 부족했던 것이다."

교육은 그렇게 필요한 것이 아니라고 말한 이 남자가 4천만 달러를 투자해서 작은 대학을 크게 개조했다. 그래서 그 대학은 오늘날도 그의 이름이 붙어 있다. 노스캐롤라이나주의 듀크대학이다. 도리스 듀크는 듀크대학의 이사 중 한 사람이다.

제임스 뷰캐넌 듀크는 세상에 들어나는 것을 제일 싫어했다. 그래서 인터뷰는 생애에 한번밖에 하지 않았다. 인터뷰 때 기자가 물었다. "이만큼 큰 재산을 가졌다. 이제 그만큼으로 만족하나요?"

그는 고개를 가로 저었다.

"아뇨. 조금도 만족하지 않아요."

듀크는 죽을 때까지 사업을 진두지휘하였으며, 죽기 전 많은 재산을
사회사업에 기부한 것으로도 유명하다.

포커스 (focus)

제임스 뷰캐넌 듀크 James Buchanan Duke (1856-1925)

제임스 뷰캐넌 듀크는 실적이 늘어남에 따라 점차로 동업자를 흡수해서 대 트
라스트를 만들었다. 1911년 최고재판소의 명령으로 분할하기까지 공장이 150
개, 총자본 5억 달러의 연초산업을 지배했다. 병원, 고아원, 교회 등에도 크게
공헌하고 있다. 듀크를 통해서 우리가 배울 수 있는 것은 어떤 역경이 닥치더
라도 깨어있는 사람은 자기가 할 일을 찾아낼 수 있다는 것이다. 세상을 보는
눈을 키워야 한다.

대학입시에 세 번이나 낙방한
윈스턴 처칠

당시는 별로 중대한 사건이라고 생각하지 않지만 나중에 돌이켜 보면 역사의 일대전환인 일이 있다. 인생에도 그런 일이 자주 있는 것이다. 예를 들면 미국에서 남북전쟁이 일어나기 4년 전, 바로 1857년 대불황 때 레오드 제롬이라는 사내가 뉴욕시의 주식시장에서 6백만 달러를 받은 일이 있다. 본인에게도 물론 대사건이었지만 이것이 역사의 일대전기가 되리라고는 단 한 사람도 생각하지 않았다.

그런데 지금 와서 돌이켜보면 이것이 현대의 역사에 엄청난 영향을 미치고 있다. 왜냐하면 만일 레오드 제롬이 주식으로 큰 이익을 얻지 못했다면 윈스턴 처칠은 태어나지 않았을지도 모르기 때문이다. 처칠이 이 제롬의 손자이다.

레오드 제롬은 이 6백만 달러의 돈으로 뉴욕타임스 신문사 주식을 사기도 하고, 미국 최초로 대경마장 두 곳을 창설하고, 전 세계를 여행하고 돌아다니다 영국에서는 귀족사회에 출입했다. 그 결과 그의 딸 쥬니 제롬이라는 매력 넘치는 미국인 여성이 영국의 귀족 랜돌프 처칠경과 알게 되어 결혼한다.

두 사람 사이에서 태어난 것이 윈스턴 처칠이다. 그것이 1874년 11월 30일, 장소는 잉글랜드에서 가장 유명하고 유서 깊은 성의 하나인 프레니움 캐슬이다. 그러니까 윈스턴 처칠은 미국인의 피를 반은 받고 있는 셈이다. 그는 아마 영국인 중에서 가장 행동적인 인물 중 한 사람일 것이다.

혈기 발랄한 모험 투성이인 생활을 그만큼 즐거워하면서 용기 있게 살아온 인물은 전 지구상에 아마 없을 것이다. 그는 1세기의 3분의 1이상에 걸쳐 위대한 권력을 흔들며 세계를 움직여왔다. 1911년에 해군대신이 되었다. 문관으로서 영국해군의 톱에 올랐던 것이다. 그로부터 권력의 수좌에 올라 국가의 운명을 좌우했다. 더구나 엄청난 격랑 속에서 종횡으로 수완을 휘둘렀다.

처칠은 어릴 때부터 군인을 지원하고 있었다. 장난감 병사들을 늘어놓고 하루 종일 전쟁놀이를 하며 노는 일도 종종 있었다. 나중에 잉글랜드의 샌드허스트에 있는 유명한 해군대학을 졸업하고 수년 동안 직업군인으로서 영국 육군에 근무한다. 벵갈 창기병 연대에 소속해서 인도에서 싸운 일도 있고 키체나 장군을 따라서 사막에서 토착민군과 싸운 일도 있다.

용맹하고 과감한 행동으로 이름을 처음 날린 것은 1900년의 일이다. 그 결과 약관 26세로 국회의원에 선출된다. 그 경위는 다음과 같다.

1899년, 남아프리카에서 보아전쟁이 발발하자 그는 런던의 신문 모닝포스트사의 전시통신원으로서 파견되었다. 월급은 1,250달러이니까 하루당 40달러. 대단한 봉급이었지만 멋지게 그 정도의 진가를 발휘해서 곧 영국사상에 전례 없는 가장 유명한 통신원이 되었다.

어쨌든 뉴스를 보도하는 것이 아니라 자기가 뉴스의 씨앗이 되었다. 예를 들면 장갑열차를 타고 포탄 속을 뚫고 적지를 돌파하자 그것이 금방 뉴스가 된다. 보아군의 포로가 되어서 투옥되자 그것도 금방 뉴스가 된다. 포로수용소를 교묘히 탈출하자 그것도 금방 뉴스가 된다. 탈주된 사실을 알고 보아군은 화가 났다. 영국 귀족의 아들 윈스턴 처칠이라는 가장 유명한 포로를 놓쳤기 때문이다.

탈주한 포로 윈스턴 처칠을 체포한 자에게는 그 생사를 불문하고 거액의 상금을 준다고 포상금까지 걸었다. 한편 교묘히 탈출한 처칠은 철도나 교량에 철저하게 경비병이 배치된 적지를 몇 백마일이나 도망했다. 걸어서 도망친 일도 있고 화물열차를 이용한 일도 있다. 숲속에서 자거나, 들판에서 자거나, 탄광의 갱 속에서 자거나, 늪지로 날아들어 강을 헤엄치거나 아프리카의 들판을 교묘히 답파했다. 머리 위에는 언제나 큰 독수리가 배를 들어내고 날고 있었다. 피로에 지쳐서 쓰러지기를 기다리고 있었던 것이다.

이 경험이 그대로 모닝포스트지의 기사가 된다. 어쨌든 사건 그 자체가 엄청나게 뛰어나고 장렬한데다 처칠의 문장력 역시 생생하게 약동하는 명문이었으므로 드라마와 서스펜스가 넘치는 명기사가 되어서 1900년의 언론계에 일대 센세이션이 되었다. 영국 국민은 모두 다퉈서 열독하고 흥분했다.

이윽고 처칠이 귀국한다. 국민적 영웅의 개선이다. 그의 공적을 기리는 노래가 생겼다. 연설회에는 청중이 엄청나게 운집했다. 마침내 국회의원에 선출되었다. 모두 그의 영광 있는 활약에 감격한 일반국민의 성원 때문이었다. 처칠은 어릴 때부터 '위험으로부터는 절대로 도망치지 마라.'를 표어로 하고 있었다.

1921년에 미국으로 건너갔다. 하룻밤 1천 달러의 강연료로 45회나 강연을 하며 돌아다녔는데 그때 런던경시청은 그가 미국으로 가면 암살될 위험이 있다고 환기시켰다. 영국제국내의 2, 3 지역에서 영국에 대한 불평분자가 '암살협회'라는 것을 조직했던 것이다.

'암살협회'란 런던 경시청이 붙인 이름이다. 처칠은 영국제국주의의 심볼이므로 강연여행으로 미국 각지를 돌아다니는 중에 어디에서 저격 받을지도 모른다는 것이었다. 처칠은 런던 경시청으로부터 경고를 받았지만 태평하게 강연에 나갔다.

서부의 어떤 도시에 도착하자 시내에 있는 '암살협회'의 멤버 몇 명이 그날 밤 강연회의 입장권을 사갖고 있다고 판명되었다. 시의 경찰서장은 이것은 큰일이므로 재빨리 강연회의 중지를 명했지만 처칠의 매니저를 하고 있던 루이스 J 알버는 완강히 중지를 거절했다. 이 일을 듣고 처칠은 이렇게 말했다.

"그것이 사실이군. 위험이 다가오면 절대로 뒤를 향해서 도망치지 않는다. 그런 일을 하면 위험이 두 배가 된다. 반대로 즉석에서 단호하게 맞서면 위험은 반이 되는 것이다. 결단코 도망칠 수 없다. 절대로 안 된다."

처칠 자신은 위험에서 도망치기보다 오히려 위험을 향해서 돌진한 것이 때때로 있다. 그가 해군대신이 되었을 때 영국해군에는 비행기가 약 5, 6대, 파일로트도 겨우 몇 명밖에 없었다. 어쨌든, 1911년은 비행기가 생기고 나서 아직 8년밖에 되지 않았다. 당시는 날아올랐다가 언제 떨어져서 죽을지 모르는 때인데 처칠은 자기가 직접 비행기를 조종하여 날아오른다고 말하며 주위에서 말리는 것도 결코 듣지 않았다. 사실 비행기를 스스로 조종하다 몇 차례나 추락하여 위험 속에서 생명을 건진 적이 있었던 것이다.

정부도 처칠에게 비행은 그만두라고 권고했다. 그러나 그는 완강히 거절했다. 그때 이미 그는 비행기가 앞으로의 전쟁을 바꿔놓을 것이라고 꿰뚫고 있었던 것이다. 영국 해군항공대는 거의 처칠 혼자의 손으로 쌓아올렸다고 할 수 있다.

처칠은 특히 걸출한 점이 또 하나 있다. 그것은 철보다도 굳은 불굴의 의지이다. 그 좋은 예는 그가 학문에 빠지는 자세이다. 젊을 때는 지독히 성적이 나쁜 학생이었다. 어쨌든 라틴어도, 그리스어도, 수학도,

프랑스어도 가볍게 보고 공부하지 않았다. 외국어를 배우기보다 먼저 영어의 토대를 완벽하게 쌓는 것이 중요하다고 확신하고 있었던 것이다. 물론 그것이 맞는 말이다.

그런데 외국어와 수학을 경시해서 공부하지 않았으므로 예비교의 성적은 언제나 클래스의 꼴찌였다. 세상에서는 이상한 이야기이지만 이 수학을 싫어하는 청년이 나중에 대장성 장관으로서 4년간 영국 제국의 재정을 맡게 된다.

처칠은 샌드허스트 육군대학의 입학시험을 세 번이나 봤지만 세 번 모두 실패했다. 마침내 패스한 것이 네 번째였다. 우리말로 하면 4수생인 셈이다.

그는 핼로우스쿨을 거쳐서 샌드허스트를 졸업했다. 모두 영국 일류의 명문교였지만 졸업하고 나서야 정신을 차렸다. '나는 거의 아무것도 알지 못한다.' 대학을 졸업하고 나서야 이것을 깨달은 인간은 얼마든지 있지만 그것을 깨달았을 때 그는 이미 22세, 인도주둔군의 사관이 되어 있었다.

'좋다, 이제부터 한번 독학으로 공부해 보자.' 지리책, 역사책, 철학책, 경제학책 등 온갖 것을 갖다 놓았다. 그리고 전신이 불이 붙을 정도로 더운 여름이 지나 동료 장교가 모두 낮잠을 자고 있을 때 플라톤의 철학, 기본의 '로마제국흥망사' 세익스피어를 열심히 읽었다.

몇 년이나 계속되었다. 그때 터득한 명쾌하고 선명한 문장, 노래하면서 행진하는 것 같은 문체가 오늘날 그의 저작과 연설에 흐르고 있다.

연설 쪽도 본래는 목소리가 나빠서 특히 고생했지만 나중에는 박력 있는 고금 유수한 웅변가가 되었다.

처칠은 매일 14시간 내지 17시간 일을 했다. 7일간 거의 통째로 하는 일도 적지 않았다. 더구나 놀라운 에너지를 발휘해서 왕성하게 일하면 7명의 비서가 눈이 돌아갈 정도였다. 이것을 계속할 수 있는 비결은 즐겁게 일하는 한편 적당히 호흡도 하고 피로하지 않도록 휴식을 취하기 때문이었다.

아침은 10시 반에 일어나는데 일어나기 전 3시간은 상반신만 침대에 일어나 앉아서 입에 연초를 문 채 전화를 걸거나, 편지를 구술해서 쓰게 하거나, 신문이나 보고서, 해외전보에 눈을 돌리기도 한다. 그러고 나서 일어나서 구식인 면도기로 면도를 한다.

점심은 오후 한 시, 그 뒤 잠깐 잠자고 오후 스케줄을 맞는다. 저녁 5시가 되면 또 침대에 들어가서 30분간 잔다. 저녁 식사 뒤도 밤 12시까지 일을 하는 일이 많았다.

처칠의 연설집은 〈화일 잉글랜드 슬레프트(While England Slept)〉 즉 〈영국이 잠자는 중에〉라는 타이틀로 되어 있는데 목전에 다가온 제2차 대전의 위협도 잊고 대다수의 정치가가 잠자고 있었던 것을 뜻한다.

처칠은 몇 년 전부터 히틀러는 실로 위험한 인물이라고 간파하고 있었다. 1933년부터 1939년까지 6년간 그는 기회 있을 때마다 계속 외쳤다. "독일이 재군비를 진행하고 있다. 영국본토를 폭격하고 영국함대를 격멸하고 전 세계를 정복하려고 노리고 있다." 그는 모든 것을 예견하

고 있었다. 만일 그때 영국이 그의 예언에 귀를 기울여 히틀러에 맞서
군비를 갖추고 있었더라면 제2차 세계대전은 단순히 꿈에 지나지 않았
을지도 모른다.

윈스턴 레오나르드 처칠 Winston Leonard Spencer Churchill (1874~1965)

처칠은 제2차 세계대전이 발발한 다음 해부터 1945년까지 영국 수상으로서 대전을 승리로 이끌었다. 전후 총선거에서 그가 이끄는 보수당이 노동당에 져서 일단 수상의 자리를 떠나지만 1951년에 다시 수상이 되었고, 1953년에는 노벨 문학상을 받고 1965년 1월에 죽었다. 처칠의 상애에서 우리는 인생의 모라토리움이 얼마나 중요한지를 배울 수 있다. 모라토리움 기간에 준비해두면 반드시 자기 인생을 성공으로 이끌 수 있는 것이다.

미국 사상계에 위대한 영향을 미친
올리버 웬델 홈즈

이 이야기는 미국 사상계 전반에 위대한 영향을 끼친 인물의 이야기이다. 특히 법학방면에 엄청난 영향을 끼쳤다. 미국이 시작된 이래 나온 학자들 가운데 걸출한 학자였다. 그래도 그는 인간미 넘쳤다. 이웃에 불이 나면 뛰어나가서 구경하기도 하고, 때때로 바레스크도 구경하고, 특히 탐정소설을 아주 좋아해서 일주일에 한 권 내지 두 권만 읽는다고 스스로 한도를 정할 정도였다. 최고 재판소 판사 올리버 웬델 홈즈는 그런 인물이었다. 태어난 것은 1841년, 아직 합중국이 27주밖에 없었을 때였다 1935년 죽을 때 그의 나이 94세였다.

그는 과거 1세기 동안에 걸쳐 미국 일류의 인물은 대개 알고 있었다. 아직 소년일 때 대사상가 랄프 월드 에머슨을 상대로 몇 시간이나 책 이야기를 한 적도 있었다. 아버지는 같은 이름의 올리버 웬델 홈즈박사. 그는 미국 수필문학의 고전인 〈아침식사 테이블의 독재자〉의 작가로 유명하다. ‘무적의 철갑함’이나 ‘작은 이륜마차’도 그 책 속에 들어 있다.

아버지는 아이들에게 이렇게 말했다. “식사 때 제일 마음에 드는 이야기를 한 사람한테는 잼이나 마마레드를 듬뿍 준다.” 웬델 소년은 마마레드를 아주 좋아했기 때문에 그것을 먹으려고 열심히 말했기 때문에 금방 대화가 아주 예리하게 되었다.

70년 뒤, 미국 합중국 최고재판소 판사로서 분주하게 회의자리에 참석하러 나갈 때도 때때로 예리한 경구를 토해냈다. 학자라고 해서 농담 하나 하지 않고 무뚝뚝할 필요는 없다고 언제나 그는 말하고 있다.

머리가 새하얗게 되고나서의 일인데 어느 날 밤, 워싱턴시로 바레스크를 보러 갔다. 그날 밤 쇼는 매우 지독한 것이었다. 홈즈 판사는 큰소리로 웃었다. 10열 앞까지 들릴 정도로 큰 소리였다. 그러자 이웃에 있던 남자가 소리를 질렀다. 그러자 홈즈박사가 말했다. “나는요, 언제나 신에게 감사하고 있어요. 취미가 하등이라서 잘 됐다고.”

잊어서는 안 되는 것은 그가 영국인도 아닌데 영국 법학협회회원으로 추천된 최초의 인물이라는 것이다. 엄청난 학자이면서도 한편으로는 보통 사람. 미국 사회를 통틀어 보아도 이런 인물은 거의 없을 것이다.

1857년의 일이다. 그가 법률을 공부하기 시작한 것을 보고 아버지는 깜짝 놀랐다. 왜냐하면 당시는 변호사라고 하면 특히 깔보던 시대였다.

"그만두어라, 웬디."라고 아버지가 말했다. "법률 따위를 해서는 위대한 사람이 될 수 없어!"

그러나 웬디는 아버지의 생각과 달랐다. 법률을 해도 위대하게 될 수 있다고 믿고 있었던 것이다. 그래서 저 유명한 블랙스턴의 <영국법 주해(英國法註解)> 를 열심히 공부했다. 마치 소설이라도 읽는 것처럼 읽고 또 읽었다. 어떤 페이지나 재미있어서 멈출 수가 없었다.

1861년, 하바드 대학졸업 직전에 남북전쟁이 발발했다. 재빨리 법률책을 선반에 집어던지고 병사로서 출정한다. 헐렁헐렁한 판탈롱, 하늘색 옷, 새빨간 모자, 예의 양키군 군복이었다. 지금도 전쟁에 나가지 않으려고 하는 것이 다반사이지만 올리버 웬델 홈즈는 그 모양으로 멋지게 싸웠다. 부상을 당한 것이 전후 3회, 한번은 심장 바로 곁에 적탄을 맞았다. 단가로 운반되는 것을 보고 지나가던 군의가 이렇게 말했다. "저 녀석은 돌아볼 틈이 없다. 어차피 죽을 테니까."

과연 죽었을까? 그런데 죽기는커녕 이 보스턴 태생의 양키병은 그곳에서도 점점 키가 성장했다. 결국은 신장이 6피트 3인치나 되었다. 그 당시 그는 국가를 위하여 최초의 공훈을 세웠다. 그 2, 3년 뒤인 1864년 대통령 링컨의 생명을 위험에서 구한 것이 그였기 때문이다.

북군의 사령관 그란트 장군이 리치몬드의 공격에 속을 태우고 있을 때 쥬바르 알리가 지휘하는 남군 부대가 멀리 북상해서 버지니아주 알렉산드리아로 육박했다. 워싱턴까지 겨우 20마일이 남은 지점이었다.

북군 부대는 스티븐스 요새에 집결했다. 필사적으로 적을 방어했다.

대통령 링컨은 아직 전선에 나간 적이 없었지만 이 때 스티븐스 요새로 달려갔다. 그리고 성벽 가까운 옥상에 서 있자 전투의 불꽃이 피어올랐다. 링컨대통령은 비쩍 마른데다 키가 컸다. 누구라도 한번 보면 금방 안다. 그 대통령이 적이 똑바로 볼 수 있는 곳에 서 있었던 것이다.

그곳으로 한 장관이 다가와서 이렇게 말했다. "대통령 각하, 그곳에서 피하는 것이 좋다고 생각합니다만." 하지만 링컨은 받아들이지 않았다. 그러는 가운데 5피트 저쪽에서 목을 내민 병사가 금방 쓰러져서 죽었다. 3피트 앞에서도 또 한 명이 쓰러졌다.

그때 갑자기 링컨의 바로 뒤쪽에서 큰소리를 지르는 녀석이 있었다. "이 바보야, 빨리 숙여라. 전열을 떠나지 마라!" 놀란 링컨이 뒤돌아보자 젊은 홈즈 대위였다. 불타는 눈으로 바라보고 있었다. "아, 홈즈 대위인가?"하고 링컨이 웃으면서 말했다. "민간인에게 말할 때는 말씨가 다르지요." 그러자 링컨은 "괜찮아, 괜찮아."하고 고개를 끄덕이면서 적탄이 이르지 않는 곳으로 자리를 옮겼다.

이 이야기가 퍼지자 당연히 올리버 웬델 홈즈는 영웅대접을 받았지만 본인은 곧 부정했다. "영웅이라니 말도 안돼. 그저 군인의 의무를 다한 것이야. 특별히 대단한 것은 아니었어."

과연 대단한 일이 아니었을까? 그럴지도 모른다. 하지만 그것보다 더욱 대단하게 이 청년사관은 전쟁이 끝나자 재빨리 손을 씻고 마치 아무 일도 없었던 것처럼 모교로 돌아갔다. 법률을 마스터한 것만으로 그다지 돈이 들어오지 않는다. 그래서 모교로 돌아간 것이다. 어쨌든 '1년

안에 간판 값이 나오면 크게 성공한 변호사'라는 유행어가 떠돌던 시대였다.

그런데 올리버 웬델 홈즈는 그 간판 값도 모을 수 없었다. 사실 30세가 지났어도 밥벌이가 되지 않을 정도였다. 31세가 되자 순진한 파니 딕스웰과 결혼했는데 신부나 신랑 모두 돈은 1센트도 없었다. 할 수 없이 아버지 홈즈 박사와 동거해서 3층에서 살았다. 1년 만에 신부가 생활을 잘 꾸려서 마침내 이사했다. 신혼가정이라는 것이 약방 2층의 2칸 짜리 집이었다.

천재라는 말을 듣는 홈즈 박사였지만 아직 스타트 라인을 밟지 못하고 있었다. 그는 여가를 이용해서 법학의 위대한 고전, 제임스 켄트의 <미국법 주해> 전4권의 개정과 현대화에 온힘을 기울였다. 대단히 큰일이다. 판례는 수만 개나 되고 재판소의 의견도 무수했다. 그것을 일일이 연구해서 주석을 달지 않으면 안 된다. 1년, 또 1년 계속 했는데 언제 완성될지 통 감이 잡히지 않았다. 마침내 스스로도 불안을 느끼기 시작했다. 적어도 남자는 40세까지는 이름을 이루어야 한다는 것이 그의 신념이었기 때문이다. 그러나 벌써 39세였다.

"어떻게 할까, 파니? 40세까지는 다 정리할 수 있을까?" 하고 종종 아내에게 말했다. 시계가 한밤중 열두시를 치면 데스크에서 눈을 들어 물어보았다. 그러면 편물을 무릎에 올려놓은 파니가 반드시 이렇게 대답했다. "괜찮아요, 웬델. 꼭 이룰 거예요."

마침내 완성했다. 40회째의 생일이 5일 앞으로 다가온 날, 미국 법제

사의 금자탑이라고 말할 수 있는 그의 책이 출판되었던 것이다. 홈즈 부부는 샴페인을 따며 축하했다. 그리고 옮긴 곳이 하버드대학이다. 금방 연봉 4천 5백 달러의 교수가 되어서 가르치지 않겠느냐는 전갈이 왔다. '와, 법학교수라. 이거 멋진데.' 하고 그는 생각했다. 빛나는 영광이었다. 그러나 그는 빈틈없는 양키 기질의 보스턴 사람이었다. 재빨리 친구 조지 샤타크에게 상담을 했다.

"그 이야기 절대로 놓치지 마라." 샤타크가 말했다. "다만 조건을 하나 붙이는 거야. 만일 이 마사츄세츠주의 최고재판소 판사가 될 기회가 생기는 경우는 사임할 권리를 보유한다라고 말이야." "이 녀석 무슨 말을 하는 거야! 최고재판소 판사가 듣고 놀라겠다!" 홈즈는 큰소리를 지르며 웃었지만 결국 샤타크의 의견에 따랐다.

그것이 생애 제일의 행운이 된다. 3개월 지나자 샤타크가 하바드대학에서 강의 중에 있던 홈즈 교수를 불러냈다. "어이, 빅뉴스다. 오티스 로드가 사임했다. 마사추세츠 최고재판소의 판사자리가 하나 비었어. 지사는 자네를 임명할 마음인데 정오까지 자문위원회로 이름을 제출하지 않으면 안 돼. 벌써 11시야."

앞으로 한 시간밖에 안 남았다. 홈즈는 모자를 집어 들었다. 둘이서 거리를 달렸다. 지사관저로 달려간 것이다. 한 주일 뒤, 그는 마사추세츠주 최고재판소 판사에 취임한다. "저 전광석화의 일격으로 나의 일생은 바뀌었지."하고 그는 술회하고 있다. 확실히 생애의 전기가 되었던 것이다.

홈즈가 '반대꾼' 이라는 별명을 들은 것은 마사추세츠주 최고재판소 판사로서 재임 중일 때였다. 특히 다른 판사의 의견에 유감없이 반대하는 일이 많았기 때문이다. 예를 들면, 1886년 노동조합은 상점에 피켓을 펼칠 권리가 있는가의 문제가 일어났다. 홈즈 자신은 생애 한번도 육체노동의 경험은 없었지만 당당히 그 권리를 옹호해서 한발짝도 물러서지 않았다. 그리고 의견서를 제출하고 "이것으로 이제 법률 밭에서 승진할 기회는 없어졌어."라고 친구에게 말했다. 장래의 전망이 없어진다고 알면서 자기주장을 꺾지 않은 것이다. 어쨌든 일신의 이해로 의견을 굽힌 일은 생애 한번도 없었다. 신념에 철저해야 한다는 것이 그의 주장이었다.

그런데 기묘한 것은 그런 일을 몇 차례 반복하여 승진의 길이 끊어졌음에도 불구하고 결과는 더욱 커다란 승진이 따랐다는 것이다. 대통령 데오도르 루즈벨트가 독점사업을 금지하기 위하여 각계의 트러스트를 상대로 사자 같은 기세로 싸우고 있을 때였다. 루즈벨트는 홈즈 판사의 이야기를 듣자마자 "이 사람이야말로 판사다! 그 남자가 좋다!"라고 외쳤다고 한다.

그리고 급히 임명 수속을 취한다. 홈즈는 미국 합중국최고재판소 판사로 임명되었다. 미국사법계 최고의 영예였다. '그렇게 되면 내가 주장한 대로 할 것이다.' 라고 루즈벨트는 생각하고 있었다. 그런데 잘못이었다. 중대한 사건에 부딪치자 금방 홈즈는 대통령과 반대의 입장을 취했다. 루즈벨트는 분연히 매도했다. "뭐야, 그런 뼈 없는 녀석인가! 바나나보다도 뼈 없는 녀석이다!”

루즈벨트는 버럭버럭 화를 냈지만 국민들은 아주 기뻐했다. 이것이 정말 판사라는 것이다. 어떤 사람에게도 따르지 않고 그저 자기 양심만 따르는 사람. “이 사람이야말로 국민이 찾는 인물이다.”라는 것이었다. 그 뒤 30년간 양심에 따라서 반대해야할 것은 어디까지나 반대해서 전 미국의 전설적 존재가 된다. 이 나라의 역사에 홈즈 만큼 존경받는 최고재판소 판사는 없었다.

수도 워싱턴에서 유일하게 다채로운 인물이었지만 홈즈는 한번도 인터뷰를 허가한 일이 없었다. 세상의 눈에 띄는 것을 아주 싫어한 것이다. 하지만 그래도 사적 생활이 다소는 세상에 전해졌다. 예를 들면, 홈즈 부부는 동물들을 크게 좋아했다. 새를 많이 기르고 있는데다가 원숭이 두 마리와 날다람쥐를 세 마리 기르고 있었다. 침실 속을 그 날다람쥐가 날아다닌다. 밤에 잘 자지 못해서 개정 중에 조는 일도 있었다. 날다람쥐 세 마리가 급강하 폭격기처럼 침대를 침범하여 몇 번이나 잠을 깨우기 때문이었다.

80세를 넘어서 몇 년이 지나서도 그는 엘리베이터를 사용하지 않고 두 계단을 한번씩 퐁퐁 뛰어올랐다. 화재경보를 들으면 두 사람이 함께 자기 집을 뛰어나와서 현장으로 달려갔다. 법정 밖에서 사용하는 말을 들으면 보스턴시 명가의 출신이라기보다 오히려 해적 같았다. 비서를 부르는데도 “어이. 아가야.”라거나 “이봐, 젊은이”라거나 “이 바보 자식”이라고 불렀다.

1928년의 일이다. 수도 워싱턴에서 한 신문기자가 오버롤을 입은 직공에게 물어본 일이 있다. "자네, 올리버 웬델 홈즈라는 사람이 어떤 사람이라고 생각하지?"

직공이 빙그레 이빨을 보였다. "최고 재판소의 저 젊은 판사요. 나이가 들어도 상대에게 계속 반대하고 있잖아요."

그 이야기를 듣고 홈즈는 배를 잡고 크게 웃었다. 이상한 것이다. 그때 그는 87세. 노인으로서 최고재판소에서도 가장 연장이었던 것이다.

홈즈는 언제나 말하고 있었다. "나는 언제까지나 사임하지 않는다. 신이 그만두라고 할 때까지는." 하지만 91세가 되자 슬슬 약해졌다. 동료 2명에게 부축받으면서 판사석을 내려오게 되었다. 어느 날, 서기에게 말했다. "내일은 없어. 이제 내일은 없어." 과연 그 말 그대로 법정에 선 것은 그날이 마지막이었다.

그 뒤 2년 지나서 홈즈는 93회째의 생일을 맞았다. 대통령에 취임했을 뿐인 프랭클린 데라노 루즈벨트가 인사차 방문해 보니 홈즈는 서재에서 플라톤을 읽고 있었다. 그러자 대통령이 질문했다.

"홈즈 판사, 왜 플라톤을 읽고 있습니까?"

"수양을 위해서이지요."하고 홈즈는 대답했다.

생각해 보라! 93세의 고령이다. 그런 사람이 수양 때문에 플라톤을 읽고 있다! 미국을 다 찾아보아도 홈즈 이상의 인물은 나올 수 없을 것이다. 미국의 법률에 홈즈 이상의 영향을 준 인물도 없었을 것이다. 여러분이든 나이든 누구라도 금후 몇 십 년에 걸쳐서 그의 판례에 좌우될 것이다.

마지막으로 참고삼아 이야기해둘 일이 있다. 홈즈 판사는 유산 전액, 약 25만 달러를 미국 정부에 기증했다. 장서는 모두 국회도서관에 기부했다. 일생을 바쳐서 봉사한 미국 국민들이 읽기를 바랐던 것이다.

올리버 웬델 홈즈 Oliver Wendell Holmes (1841-1935)

홈즈 판사는 40대에 법의 기원과 성격에 관한 새로운 관념을 도입하여 법학자로서 국제적 명성을 얻었다. 언론의 자유를 옹호해서 투쟁한 것이 특히 유명하다. 그는 모라토리움 기간을 멋지게 보낸 인물이다. 모라토리움 기간을 잘 준비하면 틀림없이 당신이 바라는 기적은 찾아오는 것이다.